1分で英語力ドリル

山田暢彦・監修

Gakken

左のマークが 付いている箇所の音声は，
以下のアプリで再生できます。
ご利用の方は，下記へアクセスしてください。

● my oto mo（マイオトモ）

https://gakken-ep.jp/extra/myotomo/

※アプリの利用は無料ですが，通信料はお客様のご負担になります。
※お客様のネット環境および端末の設定等により，音声を再生できない場合，当社は責任を負いかねます。

はじめに

あなたが英語を学びたい理由は何ですか？

これから学び始めるお子さんと、一度習った英語を学び直したい大人とでは、
少し異なるかもしれません。また、同じ大人だとしても、目的はさまざまでしょう。
でも、おそらくみなさんにひとつ共通しているのは、テストのためではなく、
「実際に英語が使えるようになりたい」ということだと思います。
英語を話せると、人生で楽しめることが増えますね。
行ける場所や、出会える人。また、映画・ドラマ・SNSなど、
何を取っても英語ひとつでグッと可能性が広がります。

では、そうした“使える英語”を身につけるには、
どんなことを学ぶ必要があるでしょうか？

まずは、意味内容を伝える「単語・フレーズ」。そして、文の骨組みとなる「文法」。
ことばは話したり聞いたりするものですから、「発音」も大事ですね。
さらに、案外見落とされがちなのが、英語の「文化」です。
言語と文化は切っても切り離せない関係。たとえば、日本は上下関係を重んじる
文化なので、敬語が発達しています。外国人が日本語を学ぶ場合、
日本の文化を知ることも大事と言えるでしょう。

一方で、英語圏はもっとフラットな社会なので、日本語のような
尊敬語・謙譲語といった敬語がありません。そういう意味ではシンプル。
ただし、日本よりも「自分の考えを持つこと」「堂々と主張すること」を
当たり前の感覚として持っているので、日本語感覚で“遠慮”や
“遠回しな言い方”をしているとコミュニケーションに支障が出る場合があります。
言語がちがえば、ことばの使い方の感覚や視点もちがう。このポイントも大切です。

本書では、ぼくの母語であり、日本の学校でもおもに教えられているアメリカ英語
を例に紹介しています。でも、世界にはさまざまな英語があり、正解は1つでは
ありません。
今回、使える英語の習得に欠かせない要素を「5つの軸」に分けました。また、
ドリルを作成するにあたっては、クイズ形式で楽しく、リラックスして取り組めるこ
とを大切にしました。
なかにはやさしいと感じる問題もあるかもしれませんが、入り口こそ簡単でも、
問題の裏ページの解説を読むときっと「へぇ!」という発見がたくさん。
そうした学びの広がりをどうぞ楽しんでください。

「英語って楽しい! もっと学びたい!」

本書を通して、一人でも多くの方にそう思っていただけたら幸せです。
Okay, are you ready? Relax, and let's have fun learning!

NOBU(山田暢彦)

1分で
英語力ドリル

目次

英語の5つのセンスを磨こう！

英語力とは，テストでよい点を取る力のことではありません。英語を実際に使うために必要な，感覚・知識・技能のことです。この本では５つの軸からアプローチ（Approach）し，英語力を高められるようにしました。

- ネイティブ感覚（感覚をつかむ）……文化的な感覚のちがいをつかむ
- 単語の知識（イメージを自分のものに）……身近な単語のイメージを自分のものにする
- 英語のグラウンドルール（ルールを知る）……文の骨組みとなる文法について知る
- 英会話のリアル（「本当はこう言う」に触れる）……会話のやりとりのリアルに触れる
- 聞こえる・通じる発音（音のイメージを更新する）……音のイメージを更新する

それぞれについて，簡単に紹介しましょう。

Approach 1 ネイティブ感覚

→ 感覚をつかむ

言語と文化は表裏一体です。言語がちがえば，言葉の使い方の感覚もちがいます。
学校の授業ではあまりきちんと習う機会がない，日本人と英語ネイティブの人たちとの基本的な感覚のちがいを身近な例でつかみます。

Warm-up

Approach 2

単語の知識

→ イメージを自分のものに

Vocabulary

テストに出てくる難しい単語は知っていても，身の回りのものをパッと英語で言えない人も多いのではないでしょうか。ネイティブならだれでも知っている身近な単語や，英語力アップのカギとなる重要な基本単語のイメージを自分のものにします。

Approach 3

英語のグラウンドルール

→ ルールを知る

Grammar

文法は，実際の会話にはあまり役に立たないと思っている人もいるかもしれません。しかし文法とは，ネイティブの会話でも常に従っている，文の作り方の共通ルールのこと。誤解なく意味を伝えるために必要な「語順」と「単語の形」の不変のルールです。

Approach 4

英会話のリアル

→「本当はこう言う」に触れる

Conversation

ネイティブの実際の会話には，単語と文法を勉強するだけではわからない，会話ならではのやりとりのルールが存在します。いろいろな場面で，どういった表現を使うのがふつうなのか・ていねいなのかといった常識やニュアンスに触れます。

Approach 5

聞こえる・通じる発音

→音のイメージを更新する

Listening & Pronunciation

日本人は日本語の発音のクセや，カタカナ語の表記などに発音を影響されがちです。ネイティブの発音に近づけるように，日本語と英語との根本的な音声のちがいにフォーカスし，英語の音のイメージを更新します。

1

第1章 ネイティブ感覚

001～022

第1章 ネイティブ感覚

文化的(ぶんかてき)な感覚のちがいをつかむ

01 天気いいねー

目標時間
1 分

雲ひとつないさわやかな朝です。ミスズが犬の散歩をしていたら
同じ町に住むアメリカ人の友達に会いました。
あいさつがわりに声をかけましょう。

問　「いい天気だね。」と言うにはどれが自然？　　Question

[　　　　　], isn't it?

A It's fine　　**B** It's good　　**C** Nice day

1分考えて 答えが決まったら 次のページへ

Answer

答 C Nice day がわかりやすい

001

天気の話だとわかる，もっとも自然な言い方は Nice day, isn't it? です。

「晴れた」は fine と習ったおぼえがある人もいるかもしれません。確かに fine には「天気がよい」という意味もありますが，急に It's fine. と言っても，何が「よい」のかが伝わりません。天気の話だとわかってもらうには，Fine weather, isn't it? や What a fine day! のように言う必要があります。good も同様です。

学校で習った「天気について言う文は it を主語にする」というルールはまちがいではありませんが，使う形容詞や話す状況によっては，天気の話だということが伝わらないこともあります。

知ってる？

天気の言い方 よくある誤解

002

●**晴れているとき** … fine などは単独では「晴れ」の意味が伝わりにくい。

○ It's sunny. ／ It's a nice day. ／ The weather's beautiful. など

●**天気を表す形容詞** … sunny，cloudy とちがい，rainy，snowy は「今まさにその天気[降っている最中]だ」と言いたいときには使わない（一定期間，雨[雪]模様だ・雨[雪]が多い，という意味でおもに使う）。

- 「(今) 晴れています。」 » ○ It's sunny.
- 「(今) くもっています。」 » ○ It's cloudy.
- 「(今) 雨が降っています。」 » ○ It's raining.（△ It's rainy.）
- 「(今) 雪が降っています。」 » ○ It's snowing.（△ It's snowy.）

- 「(今日はずっと) 雨模様です。」 » ○ It's a rainy day.
- 「6月は雨の多い月です。」 » ○ June is a rainy month.

02 子どもの世界

目標時間
1分

マドカは，アメリカ人の友達(ともだち)の家におじゃましています。
保育(ほいく)園に通っている友達の子どもと遊んでいると，
突然(とつぜん)その子が叫(さけ)びました。

Question

問　Yummy! ってどういう意味？

A 超(ちょう)楽しい！　**B** おいしい！
C ちょっと待って！　**D** お母さん！

1分考えて 答えが決まったら 次のページへ

Answer

答 B おいしい！

003

日本の子どもが犬のことをさして「ワンワン」「ワンちゃん」などと言うように，英語にも，いわゆる赤ちゃんことば（幼児語）があります。

Yummy! や Yum! は「おいしい！」という意味の幼児語で，日本語だと「うまうま」のような感じでしょうか。

反対に，「まずい！」は Yucky! や Yuck! のように言います（「ゲー」のような感じです）。

yummy や yucky は子どもだけでなく，大人もカジュアルな場面で使うことがあります。ただし，くだけた言い方なので，使うのはなるべく避けるのが無難でしょう。大人が「おいしい」と伝えたいときは，It's delicious. や It's so good. または This soup is really tasty.（このスープはほんとうにおいしい。）のように言うのがおすすめです。

知ってる？

子どもの使う英語

004

- mommy（ママ）……… ・daddy（パパ）
- yummy，yum（おいしい）……… ・yucky，yuck（まずい）
- doggy（ワンちゃん〈犬〉）……… ・kitty（ねこちゃん〈ねこ，子ねこ〉）
- pee-pee（おしっこ）……… ・poo-poo（うんち）
- tummy（ぽんぽん〈おなか〉）
- vroom-vroom（ブーブー〈車の擬音〉）
- choo-choo（シュッポシュッポ〈汽車の擬音〉）

03 お手洗いは…

目標時間 **1**分

マドカはアメリカ人の友達の家で食事をごちそうになったあと，
お手洗いに行きたくなりました。

問 「お手洗い，借りてもいい？」の
自然な英語は？

Question

Can I use the ☐ ?

A bathroom　　**B** toilet　　**C** W.C.

1分考えて 答えが決まったら 次のページへ

答 A bathroom が自然で上品

Answer 005

Can I use the toilet? でも通じますが，アメリカ英語では toilet には「便器，便所」のような直接的なひびきがあるので，お手洗いのことは bathroom と言うのがおすすめです。bathroom は浴室のことですが，アメリカの家庭ではふつう浴室とトイレが同じ部屋にあることから，トイレのことも表します。

公共施設のトイレは restroom などと言いますが，（bath がないにもかかわらず）bathroom でも通じます。W.C. は話しことばでは使いません。

知ってる？

学校で習わない「トイレ」まわりの英語

006

日本語	英語
トイレ	» **bathroom** ／ **restroom**〈公共施設の〉／ **men's room**〈男子〉，**ladies' room**〈女子〉 …**Where can I wash my hands?**（どこで手が洗えますか。お手洗いはどこですか。〈遠回しな言い方〉）
おしっこ	» ・**pee**（直接的・くだけた言い方。動詞としても使う） …**I have to pee.**（おしっこしないと。） ・**pee-pee**（おもに小さい子どもが使う言い方） ・**number one**（小のほう〈くだけた言い方〉）
うんち	» ・**poo** または **poop**（直接的・くだけた言い方。動詞としても使う） ・**poo-poo**（おもに小さい子どもが使う言い方） ・**number two**（大のほう〈くだけた言い方〉）
おなら	» ・**fart**（直接的・下品な言い方。動詞としても使う） ・**cut the cheese** ／ **break wind**（おならをする） …**Who cut the cheese?**（おならをしたのはだれ？）

04 かわいいね！

目標時間 **1** 分

ミサキは女の子の友達(ともだち)と待ち合わせ。
彼女(かのじょ)が着てきたワンピースがかわいいので，ほめてあげましょう。

Question

問　この洋服をほめるとき，なんと言う？

I like your [　　　　] !

A dress　　**B** uniform　　**C** one-piece

1分考えて 答えが決まったら 次のページへ

Answer

答　ワンピースは A dress

007

女性用のワンピースは dress と言います。日本語の「ドレス」とはちがい，結婚パーティーに着ていくようなフォーマルなものだけでなく，ふだん着のカジュアルなワンピースも，英語では dress です。one-piece という英語はありますが，「セパレートではない」という意味で，女性用ワンピースをさすことばではありません（水着を思いうかべる人もいるので注意してください）。

また，uniform は，スポーツのユニフォームだけでなく，学校などの「制服」にも使われることばです。

知ってる？

意外に通じない，ファッションの英語

008

日本語	英語
ワンピース	» dress
ワイシャツ	» dress shirt（「ワイシャツ」は和製英語で，white shirt が変化したものと言われている。）
トレーナー	» sweatshirt（trainer は「〈ジムなどの〉トレーナー，調教師」の意味。）
パーカ	» hoodie（parka は寒冷地で使うような，防寒・防水の厚いフードつきコートをさす。）
ノースリーブの	» sleeveless（no-sleeve という英語はない。）
ジャンパー	» jacket（jumper はアメリカではジャンパースカートをさす。）
ピアス	» earrings（pierce は「貫通させる」という動詞で，耳飾りの意味はない。英語では「ピアス」も「イヤリング」も区別せずに earrings と言うが，穴をあけないタイプは一般的ではなく，ピアスをイメージすることが多い。） …I like your earrings.（すてきなピアス[イヤリング]ですね。）

目標時間 **1** 分

05 おかけください

タケシの会社に，海外から取引先の社長がお見えになりました。
とりあえずすわってもらいましょう。

問 「おかけください。」は，どう言うと感じがよい？ **Question**

A **Please have a seat.**

B **Please sit down.**

C **Please be seated.**

1分考えて 答えが決まったら 次のページへ

答 A Please have a seat. が感じがよい

Answer

009

学校の号令の「起立！」は Stand up. で，「着席！」は Sit down. です。Please sit down. はそれよりも多少ソフトな言い方ですが，「着席してください。」という指示に聞こえます。

お客様にいすをすすめて「おかけください。」と伝えるときには，Please have a seat. という言い方がおすすめです。〈have a 名詞〉の形で言うことで，sit などの動詞を直接使うよりも指示のニュアンスがうすれ，ワンクッション置いた感じになります。

Please be seated. は，聴衆など大勢に向かって「ご着席ください。」と言うときや，「〈立たないで〉すわっていてください。」と言うときに使います。

知ってる？

have a ～ ／ take a ～などの便利な表現

010

英語	日本語
・have[take] a seat	» いすにすわる
・have[take] a look	» 〈ちょっと〉見る
…Please take a quick look.（ざっと見てください。）	
・have[take] a bite	» 〈食べ物を〉一口食べる　※ bite は「一口かじること」
…Can I have a bite?（一口もらってもいい？）	
…Have a big bite.（大きく一口食べてください。）	
・have[take] a sip	» 〈飲み物を〉一口飲む　※ sip は「一口すすること」
…Take a sip of your water.（水を一口飲んで。）	

06　お気の毒に

目標時間
1 分

アヤノの仲良しの友達が，きのうから学校を休んでいます。
心配して電話をかけたら，
交通事故にあって骨折してしまったとのこと。

問　こんなとき，友達になんて言うと優しい？　Question

[　　　　] Are you okay?

A **I'm so sorry.**

B **That's too bad.**

1分考えて 答えが決まったら 次のページへ

答 A I'm so sorry. のほうが寄りそう感じ

Answer

011

That's too bad. という表現を「それはお気の毒に。」という意味で習った人も多いかもしれませんが，使い方に注意が必要です。確かに同情を表す言い方ではあるのですが，「それは残念！」のような軽い感じにも聞こえてしまうからです（皮肉に聞こえる危険性もあります）。

That's too bad. は，相手があまり気にしていないと思われることや，仕方ないと思えるようなことに，軽い同情を表すときに使います。別件があって遊びに行けなかった人や，ゲームに負けた人などに，「（そっかぁー）それは残念！」というニュアンスで That's too bad. や Too bad. と言います。身内やペットを亡くした人，重いけがや病気をした人などに言ってはいけません。

I'm sorry. は「ごめんなさい。」だけではなく，「お気の毒に。」という同情の気持ちを伝えるときにも使われます。同情を表すときには，気持ちをこめて I'm so sorry. や I'm sorry to hear that. のように言いましょう。

知ってる？

気持ちを伝える一言

012

日本語	英語
「それはお気の毒に。」	» I'm so sorry. I'm sorry to hear that. ※この sorry は「すまなく思う（謝罪）」ではなく「気の毒に思う」という気持ちを表す。
「それは残念だね！」	» That's too bad. ／ Too bad!
「それはひどい。」	» That's awful.
「よかったですね。」	» That's great! I'm so happy for you. ※自分もうれしい，と伝えるとき。

07 着いたよ

目標時間
1 分

リョウタは，海外の友達（ともだち）を車に乗せて日本を案内（あんない）しています。
友達が行きたがっていた場所に着いたのに，
どうやら寝（ね）ているようです。

問 「着いたよ。」は，英語でなんと言うと自然（しぜん）？ **Question**

A You got it.

B We're here.

C We came.

1分考えて 答えが決まったら 次のページへ

Answer

答 B We're here. が自然

013

「〈私たちは目的地に〉着きましたよ。」は，We're here. と言います。文字通りには「私たちはここにいます。」という意味ですが，「到着しました。」と伝えるときにも使われます。

ちなみに「到着する」は arrive という動詞を思いうかべる人も多いかもしれませんが，「着きましたよ。」の意味で We arrived. とはあまり言いません。

「行く」「来る」「着く」などを英語で伝えるときには，be 動詞を使うと自然な言い方になることがよくあります。

知ってる？

be 動詞で表す「行く」「来る」「着く」

014

日本語	英語
「〈私たちは目的地に〉着きましたよ。」	» We're here. ／ Here we are. （△ We arrived. よりもふつう）
「もうすぐ着きますよ。」	» We're almost there.
「〈私は待ち合わせ場所に〉今着きました。」	» I'm here. （△ I arrived. よりもふつう）
「〈道に迷って〉ここはどこですか。」	» Where are we? ／ Where am I? （× Where is here? とは言わない）
「あなたはいつ〈ここに〉着きますか。」	» When will you be here?
「〈相手のところに〉5分で行きます。」	» I'll be there in five minutes.
「春が来ました。」	» Spring is here.
「電車が来ました。」	» The train is here.

目標時間 **1**分

08 気になるセンパイ

ユキエは海外旅行中，同年代の女性と仲良くなりました。
相手の恋愛話で盛り上がったので，今度は自分の話です。
実は今，職場で同じチームの先輩のことが気になっているのですが…。

問　職場の「先輩」は，英語でなんと言うと自然？　Question

A a coworker　　**B** a senior

C my boss

1分考えて 答えが決まったら 次のページへ

Answer

答　先輩でも A a coworker でよい

015

日本の職場では，自分よりも年齢や年次が上の同僚は「先輩」，下の同僚は「後輩」と呼んで区別することが多いですが，英語では特に区別しません。先輩でも後輩でも，coworker（〈特に同じ職場の〉仕事仲間）や colleague（同僚）と言います。

年上か年下か・年次が上か下かの情報をいちいち伝える習慣はないので，「先輩」や「後輩」を訳そうとして senior ／ junior などと言う必要は特にありません。兄も弟も同じ brother で表す感覚と似ていますね。

ただし上司であれば，coworker ではなく boss と言うことが多いです。

知ってる？

身近な人間関係の伝え方

016

日本語	英語
同僚	» a coworker（特に，同じ職場でいつも顔を合わせているような仕事仲間）
	» a colleague（職場がちがう同業者などにも使うことがある）
会社の友達	» a friend from work
部下	» one of my team members（上下関係を意識させない言い方）
上司	» my boss
学校の友達	» a friend from school
大学[高校]の友達	» a friend from college[high school]（「～時代からの友達」の意味もある）
同級生	» a classmate（友達とは限らない）
幼なじみ	» a childhood friend（今も仲がいいとは限らない）

目標時間
1分

09 撮(と)ってもらえます？

ミクは海外一人旅を満喫(まんきつ)中。
これまで自撮りばかりでしたが，せっかくの映(ば)えるスポットなので
だれかに撮ってもらいましょう。

Question

**問　知らない人に「写真を撮っていただけませんか。」
とお願(ねが)いするときの，いちばんていねいな言い方は？**

A Could you take a picture for me?
B Will you take a picture for me?
C Won’t you take a picture for me?

1分考えて 答えが決まったら 次のページへ

答

A Could you take a picture for me? がいちばんていねいで無難

Answer
017

「～していただけませんか。」とていねいに依頼したいとき，もっとも無難に使える表現は Could you ～? です。

Will you ～? でも依頼を表せますが，相手が応じてくれることを前提にして頼んでいるような響きがあります。そのため，依頼の内容や相手によっては，少し一方的に聞こえることもあります。

Won't you ～? は，いらだって「～してくれないのかい？」「～する気はないですか。」と言っているようにも聞こえるので，依頼に使うのは避けましょう。

知ってる？

依頼のニュアンスのちがい

018

Could you ～? »「～していただけませんか。」
※ていねいで無難な言い方。はば広く使える。

Would you ～? »「～してくれますか。」
※Will you ～? よりはていねいな言い方だが，相手がするのが当然のように聞こえることもある。

Will you ～? »「～してくれますか。」
※あまりていねいな言い方ではない。相手がするのが当然のように聞こえることもある。友人や家族に対して，次のように言うときなどに使える。
…Will you hold this for a second?
（これ，ちょっと持っててもらえる?）
…Hey, will you get the phone?（ねえ，電話を取ってくれる?）

Can you ～? »「～してくれる?」
※ていねいな言い方ではないが，カジュアルではあっても相手の事情を尊重したお願いのしかたで，フレンドリーな印象を与える。客が店員に使うことも多い。
…Can you wrap it up?（包んで〈ラッピングして〉もらえます?）

10 今日は…

ナツミはこの土日，何も予定がありません。
近所のコンビニに行ったら，
留学生の友達に声をかけられました。

Question

問　What are you up to today? には なんと答えると自然？

A I'm fine, thanks.　**B** Nothing much.
C I got up at 9:00.

1分考えて 答えが決まったら 次のページへ

Answer

答 B Nothing much.（特に何も。）が自然

019

What are you up to today? は「今日は何してるの？／今日これから何するの？」といった意味の質問です。細かい予定を確認したいというよりは，あいさつの延長のような感じで，会話のきっかけとするために聞くことがよくあります。友達であれば，もし予定が空いていれば遊びに誘おうとしているのかもしれません。

What are you up to today? と聞かれたとき，特にこれといって相手に伝えるようなことがない場合には，Nothing much.（特に何も〈決めていません〉。）とだけ答えてすませることもよくあります（Nothing. だけだと少しぶっきらぼうで不自然に聞こえます）。

ちなみに，be up to ～は「～しようとしている」という意味です。He's up to something. だと「彼は何か（よからぬこと）をたくらんでいる。」という意味になります。

知ってる？

「何するの？」と聞かれて，あまり何もない日の答え方

020

- What are you up to today?（今日は何してるの？／今日これから何するの？）
- What are you going to do today?（今日は何をするつもりですか？）

— Nothing much. Just going to the dentist.
（特に何も。歯医者さんに行くだけ。）
— Not much. Relaxing at home.（特に何も。家でダラダラしてる。）
— I'm thinking about going to the gym.
（ジムにでも行こうかなと思ってるんだ。）

※ I'm thinking about ～ing. は「～しようかなと考えているが，するかしないかはまだ決めていない」という感じ。

11　何時ですか？

目標時間
1 分

ケイタはバスに乗りたいのですが，
スマホの電池がないので，今の時間がわかりません。
このおばあさんに聞いてみたら，何時かわかるでしょうか。

問　英語でなんと話しかけるといちばん自然？　　Question

Excuse me. [　　　　　]

A What time is it now?
B Do you have time?
C Do you have the time?

1分考えて 答えが決まったら 次のページへ

答

A でも OK だが，おすすめは
C Do you have the time?

Answer
021

「今何時ですか。」を What time is it now? と丸暗記している人もいるかもしれません。これでも通じますが，口調によっては，相手が時刻を知っていることが前提になっているようにも聞こえます。また，わざわざ now をつけると，「(さっきは◯時でしたが) 今度は何時ですか。」と言っているようにも聞こえます。間接的に「時間がわかりますか。」とたずねる Do you have the time? のほうが，ひかえめでスマートな聞き方になります。

the をつけない Do you have time? は「お時間ありますか［ひまですか］。」という意味なので注意しましょう。

知ってる？

時刻のいろいろな言い方

022

- six oh five » 6:05（6 時ゼロ 5 分）
- twenty past seven » 7:20（7 時の 20 分過ぎ）= seven twenty
- half past ten » 10:30（10 時の半時間過ぎ）= ten thirty
- five to seven » 6:55（7 時まであと 5 分）= six fifty-five
- a quarter to ten » 9:45（10 時まであと 1/4 時間）= nine forty-five

英語では，軍隊などを除き，「17 時」のように 24 時間表記で時刻を表すことは一般的ではありません（ビジネスメールなどでもあまり使いません）。12 時間表記で a.m. ／ p.m. をつけて表します。

a.m. ／ p.m. は時刻の後につけることに注意しましょう。

◯ 8 a.m.　◯ 9:30 p.m.　× a.m. 8　× p.m. 9:30

2

Vocabulary

第2章 単語の知識

023 ～ 043

身近な単語のイメージを自分のものにする

01 見えてます？

目標時間 1分

ミツキはオンラインで海外の人と打ち合わせ中です。
がんばって作ったプレゼン資料(しりょう)を相手に見せましょう。

問 「これ，見えてますか？」は英語で？ Question

Can you [ ] this?

A look at　**B** see　**C** watch

1分考えて 答えが決まったら 次のページへ

Answer

023

答 B see

日本語の「見る」は，英語ではlook・see・watchを使い分ける必要があります。

「目を向ける」と言うときはlook，「見える」と言うときはsee，動きのあるものを「じっと見る」と言うときはwatchを使います。

ちなみに，画面や資料などを見せながら「ちゃんと見えていますか。」と聞きたいときは **Can you see this okay?** という表現をよく使います。このokayは副詞でwellと似ていますが，「きちんと」といった意味で，画質や音質などに問題がないというニュアンスになります。「ちゃんと聞こえていますか。」なら **Can you hear me okay?** です。

知ってる？

「見る」「聞く」の使い分け

024

「見る」の使い分け

・look » 見ようとして目を向ける
（「～を」は at ～で表す）
…**Look** at me.
（私を見て。）

・see » 自然に目に入る，見える
…Can you **see** me?
（私が見えますか。）

・watch »（動きのあるものを）じっと見る
…**Watch** me.
（私の動きをよく見ていて。）

「聞く」の使い分け

・listen » 聞こうとして耳をかたむける
（「～を」は to ～で表す）
…**Listen** to me.
（私の話を聞いて。）

・hear » 自然に耳に入る，聞こえる
…Can you **hear** me?
（私の声が聞こえますか。）

02 どこ行きたい？

目標時間
1分

リョウは海外旅行に来ています。
街(まち)を案内(あんない)してくれるという友達(ともだち)に，今日行きたいところを伝(つた)えます。

問 次の □ に to は必要(ひつよう)？ 不要(ふよう)？ Question

I want to go ① that famous cafe.
（あの有名なカフェに行きたい。）

And after that, I want to go ② shopping.
（そのあと買い物に行きたい。）

But I have to go ③ back by 6:00.
（でも6時までにはもどらなきゃ。）

1分考えて 答えが決まったら 次のページへ

Answer

答　① to が必要　② 不要　③ 不要

025

「～に行く」は go to ～ですが，副詞(ふくし)である there（そこに）・home（家に）・back（もどって・帰って）などには to をつけません。また，go shopping（買い物に行く）のようないくつかの特定(とくてい)のアクティビティは，to なしの go ～ing の形で言います。go ～ing のあとでも to は使わないので，「渋谷(しぶや)に買い物に行く」なら go shopping in Shibuya，「北海道にスキーに行く」なら go skiing in Hokkaido と言います。

知ってる？

to をつける・つけない 早わかり

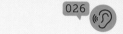

026

to をつける

●「名詞(めいし)に」「代名詞(だいめいし)に」

- go to my home（私(わたし)の家〈この home は名詞〉）
- go to my house（私の家）
- go to Ryo's house（リョウの家）
- go to a cafe（カフェ）
- go to work（仕事〈この work は名詞〉）
- Which country do you want to go to?（どの国）

to をつけない

●「副詞に」

- go home（家に〈この home は副詞〉）
- go there（そこに）
- go back（もどって）
- go upstairs ／ downstairs（上／下の階に）
- go abroad（海外に）
- Where do you want to go?（どこに〈where は副詞〉）

●「（特定のアクティビティ）に」

- go shopping（買い物に）
- go fishing（魚釣(つ)りに）
- go camping（キャンプに）
- go skiing（スキーに）

03 前に・後に

目標時間 1分

トモコの父は超(ちょう)マイペース。時間にルーズで，携帯(けいたい)も持っていません。
父と待ち合わせをしているという人から家に電話がかかってきました。

問 [ ] に入るのはどっち？　Question

「彼(かれ)は５分前にここを出ました。５分後にはそちらに着くでしょう。」

He left here five minutes [①].
He'll be there [②] five minutes.

① A ago　　B before
② A after　　B in

1分考えて 答えが決まったら 次のページへ

Answer

答 ① A ago　② B in

027

「今から～前に」は，before ではなく ago を使います。また，「今から～後に」は in を使います。「今から 5 分後に」は，×after five minutes ではなく in five minutes です。（「5 分以内に」と言いたいときは，ふつう within five minutes で表します。）

知ってる？

「前に」「後に」「まで」の使い分け

028

●「前に」の使い分け

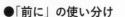

～ ago	» 今から～前に	…He left five minutes **ago**.（彼は〈今から〉5 分前に出ました。）
before	»（漠然と）以前に	…I've been there **before**.（私は以前そこに行ったことがあります。）
before ～	» ～より前に	…I got up **before** six.（私は 6 時前に起きました。）

●「後に」の使い分け

in ～	» 今から～後に	…He'll be here **in** five minutes.（彼は〈今から〉5 分後に来ます。）
after ～	» ～より後に	…Let's watch TV **after** dinner.（夕食後にテレビを見ましょう。）
later	»（漠然と）後ほど	…I'll call you **later**.（後で電話しますね。）
～ later	»（過去・未来の）～後に	…I called him five minutes **later**.（私はその 5 分後に彼に電話しました。）

●「まで」の使い分け

by	» ～までに（期限）	…He'll be here **by** five.（彼は 5 時までにはここに来ます。）
until	» ～までずっと（継続）	…He waited **until** five.（彼は 5 時まで〈ずっと〉待ちました。）

04 スマホの英語

目標時間
1分

トオルが外国人の友達を動物園に連れてきました。
決定的瞬間を記録に残したいのですが…。

問 [　　] に入るのはどっち？　Question

「動画を撮りたいのに，携帯の電池がない！」

I want to take a [①] but my phone's [②].

① A video　　B movie

② A out　　B dead

1分考えて 答えが決まったら 次のページへ

Answer

答　① A video　② B dead

029

「動画」はふつう video と言います（movie は，映画のような長い作品に使います）。「電池がない」は，「死んでいる」という意味の dead をよく使います。

なお，スマホで送るショートメッセージは，e-mail ではなく text と言います。text は動詞としても使われ，アメリカの道路沿いには，ドライバーへの警告として No Texting（〈運転中の〉携帯メール禁止）という看板があったりします。

知ってる？

学校で習わない スマホの英語

030

動画を撮る	» Are you taking a video?（動画で撮ってるの？）
電池がない	» My phone is dead.（私の電話は電池がありません。） = My phone is out of batteries.
	» My phone died.（私の電話は電池がなくなりました。）
電池がなくなりそう	» My phone is dying.（私の電話は電池がなくなりそうです。）
充電しないと	» I need to charge my phone.（電話を充電しないと。）
電波が入らない	» There's no signal here.（ここは電波が入りません。）
電波が悪い	» My reception is bad.（こちらの電波が悪いです。）
携帯メール	» Text me later.（あとで携帯メールして。） ※ text：ショートメッセージ［携帯メール］を送る
	» I'll ping you later.（あとで連絡するね。） ※ ping：text のくだけた言い方。短い通話を意味することもある。
インスタやってる？	» Are you on Instagram/Facebook? （インスタ／ Facebook はやってますか。）
インスタに上げる	» Can I post this video on Instagram? （この動画インスタに上げてもいい？）
マナーモードにする	» Please set your phone to silent mode. （電話をマナーモードに設定してください。）

05 キッチンの英語

目標時間 **1**分

メグミはアメリカでホームステイをしています。
日本の手料理をふるまおうと準備していたら，
ホストファミリーから何か言われました。

問 なんて言われている？ Question

A 水を止めて。

B 火を消して。

C 換気扇を止めて。

D 音楽を止めて。

1分考えて 答えが決まったら 次のページへ

Answer

答 A 水を止めて。

tap はここでは水道の蛇口(じゃぐち)のことです（faucet とも言います）。水道の開け閉(し)めも電気のスイッチと同じように，turn on で「入れる＝開ける」，turn off で「消す＝止める」という意味になります。

知ってる？

学校で習わない 家事の細かい動作

031

日本語	英語
水道の蛇口を開ける／閉める	» turn on/off the tap[faucet]
コンロなどの火をつける／消す	» turn on/off the heat
換気扇を回す／止める	» turn on/off the fan[vent]
なべをコンロにのせる	» put the pot on the stove
フライパンを熱(ねっ)する	» heat up the skillet[frying pan]
レンジで温める	» microwave ／ heat ～ up in the microwave
テーブルをふく	» wipe the table
食器を洗う	» do the dishes
（スーパーに）食材を買いに行く	» go grocery shopping
床を掃(は)く	» sweep the floor
掃除機(そうじき)をかける	» vacuum
洗濯(せんたく)する	» do the laundry
洗濯物を洗濯機に入れる	» put the laundry in the washing machine
洗濯物を（外に）干(ほ)す	» hang the laundry (out)
洗濯物を取りこむ	» bring in the laundry
服をたたむ	» fold the clothes
庭の草むしりをする	» weed the garden
植物に水をやる	» water the plants
ゴミを出す	» take out the garbage
子どもたちを（車で）～に送る	» drive the kids to ～

06 メールの暗号

目標時間
1分

カツトシはアメリカの友達(ともだち)の家に泊(と)めてもらっています。
夕食の買い出しを頼(たの)まれたので，スーパーに向かっていたら
メールでASAPと送られてきました。何かの暗号でしょうか？

問 ASAPとはどういう意味？ Question

A ありがとう
B できるだけ早く
C 電話ください
D キミって最高(さいこう)

1分考えて 答えが決まったら 次のページへ

Answer

答　B　できるだけ早く

032

ASAP は as soon as possible の略で，「できるだけ早く」「至急で」という意味です。Call me ASAP.（至急電話ください。）のように使います。メールやショートメッセージ，SNS などでは，このような略語がよく使われます。

ASAP は例外的に話しことばの中でも使われることがありますが，ふつう，このような略語は画面の中だけで使われます。自分から使う必要はありませんが，ショートメッセージのやりとりで出てきたときなどに，意味を知っておくと便利です。

知ってる？

ショートメッセージや SNS などで使われる略語

033

略語	何の略？	意味
・ASAP, asap	» as soon as possible	» できるだけ早く，至急で
・THX, thx	» Thanks.	» ありがとう。
・BTW, btw	» by the way	» ところで，話が変わるけど
・FYI, fyi	» for your information	» ちなみに，言っておくけど
・IMO, imo	» in my opinion	» 私の意見では
・IDK, idk	» I don't know.	» 知らない。／わからない。
・TBD, tbd	» to be decided[determined]	» 未定，未確定
・TBH, tbh	» to be honest	» 実は，正直に言うと
・HBD	» Happy Birthday	» 誕生日おめでとう
・ETA, eta	» estimated time of arrival	» 到着予定時刻
・TTYL, ttyl	» Talk to you later.	» また話そう。
・CU, cu, CYA, cya	» See you. / See ya.	» じゃあね。
・JK, jk	» Just kidding.	» 冗談だよ。／ウソだよ。
・LOL, lol	» laugh out loud	» (笑)，www（爆笑を表す）

07 休みです

目標時間 1分

ミナコは今日１日，海外の友達(ともだち)の日本観光(かんこう)につき合います。
平日なので，「仕事は？」と聞かれました。

問 「休みを取りました。」は英語で？ Question

I took the ☐ ☐.
[day / absent / holiday / off]

1分考えて 答えが決まったら 次のページへ

Answer

答 day off

034

「休み」を表現するときには off がよく使われます。take a day off で「1日休みを取る」という意味になります。ちなみに，日本では「有休を取る」ともよく言いますね。でも英語では，特に意図がない限りは paid（有給）かどうかの情報は入れずに，シンプルに take a day off と言うのが一般的です。

選択肢の absent は「その場にいない，欠席の」，holiday はふつう「祝日」という意味なので，どちらも「(日常的な）休みを取る」と言いたいときは使いません。

知ってる？

「お休み」などの英語

035

日本語	英語
休み（休暇）である	» be off
	…I'm off today.（私は今日はお休みです。）
	…Are you off tomorrow?（あなたは明日はお休みですか。）
1日休みを取る	» take[have, get] a day off
	…I took two days off.（私は2日間休みました。）
午前休［午後休］を取る	» take the morning[afternoon] off
病欠の連絡をする	» call in sick
産休［育休］を取る	» take maternity[child care] leave
昼休みを取る	» have a lunch break
遅刻する	» be late
早退する	» leave[go home] early
残業する	» work overtime
在宅勤務する	» work from home

08 何の動詞？

目標時間 1分

ヨシフミは最近，辞書を読むのが楽しくてたまりません。
英語では，簡単な動詞がいろいろな意味に使われることがあるのを
発見しました。

問 次の□に共通して入る動詞はどれ？ Question

私はレストランを経営しています。I □ a restaurant.

彼は大統領に立候補する。He'll □ for President.

鼻水が出てるよ。Your nose is □-ing.

A go　B walk　C run　D stand

1分考えて 答えが決まったら 次のページへ

Answer

答 C run（ing 形は running）

036

run には「走る」「にげる」という意味だけでなく，「経営する（走らせる）」「立候補する（競争に出る）」「（水などが）流れる」などの意味もあります。

基本動詞ははば広く使われるため，辞書の意味は多くなりがちです。意外に思える意味も，本来の意味からイメージするとおぼえやすくなります。

知ってる？

基本動詞の意外な意味

037

英語	日本語	例
go	»「（ある状態）になる」	…go bad （〈食べ物が〉悪くなる，傷む）
	「（賞などが）渡る」	…First prize goes to Ms. Smith!（優勝はスミスさんです！）
do	»「処理する」	…do my face[hair]（化粧［整髪］をする）
	「十分である」	…That will do.（それで間に合います[十分です]。）
take	»「（薬を）飲む」	…take medicine（薬を飲む）
	「計る」	…Please take your temperature.（検温してください。）
make	»「たどり着く」	…Did you make it?（無事に着きましたか［間に合いましたか］。）
meet	»「（通りが）ぶつかる」	…This road meets East Street.（この道は東通りと交差します。）
	「（要求を）満たす」	…meet the deadline（しめ切りに間に合わせる）
move	»「（予定を）変更する」	…move the meeting to Friday（会議を金曜日に変更する）
	「感動させる」	…I was moved to tears.（私は感動で涙してしまいました。）
stand	»「立場をとる」	…from where I stand ...（私が見たところ…）
	「がまんする」	…I can't stand it.（私にはたえられない。）

09 チャレンジしよう

目標時間 1分

エミコはスポーツが大好(す)き。
今年の冬はスノボに挑戦(ちょうせん)しようと思っています。

問「この冬はスノボに挑戦します。」は英語で？ Question

I'll [　　　] snowboarding this winter.

A try　B challenge　C attack

1分考えて 答えが決まったら 次のページへ

Answer

答 A try

038

「～に挑戦する，～をやってみる」は try で表します。「新しい趣味にチャレンジしたい。」なら I want to try a new hobby. のように言います。

英語の challenge には，「(新しいことに) チャレンジする」という意味はありません。カタカナ語と英語で意味がちがう動詞に注意しましょう。

知ってる？

カタカナ語と意味がちがう動詞

039

●「チャレンジする」 × challenge

» 動詞の challenge は「できるものならやってみろ」のように「(人を) 挑発する」という意味や，「(判断が正しくないのではないかと) 異議を唱える」という意味を表します。This work challenges me.（この仕事は私の能力が試される〈やりがいがある〉。）のように使います。

» × I'll challenge snowboarding. と言うと，自分がスノボというスポーツに向かって「できるものならやってみろ!」と叫んだり，「異議あり!」と唱えたりしているイメージになります。

●「アタック（挑戦）する」 × attack

» attack は「攻撃する」「襲う」という意味です。

» 「あの山にアタックする（登頂に挑戦する）」という意味で× attack that mountain と言うと，山を攻撃しているイメージになります。○ try to climb that mountain のように言います。

●「マスターする」 △ master

» master は「完ぺきに使いこなす，熟練する」という意味です。

» 「英語を（困らない程度まで）マスターしたい」という意味で△ I want to master English. と言うと，ネイティブ同様の完ぺきさを身につけたがっているイメージになります。○ I want to improve my English.（英語を上達させたい。）や I want to be able to speak English.（英語を話すことができるようになりたい。）などとしたほうが，伝えたいことと近いかもしれません。

10 貴重な機会

目標時間 1分

ヨシユキは，おすしが好きなアメリカ人を回転ずしに連れてきました。
安くておいしいと感動しています。
「よくお店でおすし食べるの？」と聞かれました。

問　「ぼくはほとんど外食しません。」は英語で？　Question

I [　　　　] eat out.

A little　　B almost　　C rarely

1分考えて 答えが決まったら 次のページへ

答 C rarely

Answer

040

rare は「まれな」という意味で，rarely は「ほとんど，めったに～ない」という意味です。学校ではあまりしっかりと習いませんが，肯定文のままで否定的な意味を伝えられる便利な副詞です。

almost を「ほとんど」という訳でおぼえている人も多いかもしれませんが，厳密には「もう少しで」という意味です。I almost forgot. は「ほとんどすべてを忘れた」ではなく，「もう少しで忘れるところだった」という意味なので注意しましょう。

知ってる？

否定的な言い方で使える単語

041

英語	日本語	例
rarely	»「(頻度が) めったに～ない」	…I rarely watch TV. (めったにテレビを見ません。)
hardly ever	»「(頻度が) めったに～ない」	…I hardly ever watch TV. (めったにテレビを見ません。) ※ rarely よりもさらに頻度が低い感じ
hardly	»「ほとんど～ない」	…I can hardly wait. (待ちきれません←ほとんど待てない。)
barely	»「(程度が) ほとんど～ない」	…I can barely speak Chinese. (中国語はほとんど話せません。)
little	»「(量が) ほとんどない」	…There's little information on it. (それについてはほとんど情報がありません。)

11 それってもしかして…

目標時間
1分

ナミは友達（ともだち）のスマホで写真を見せてもらっています。
ふと，友達の機種（きしゅ）が最新（さいしん）であることに気づきました。

問　Question

相手の持っているスマホを見て，
「それって新しい iPhone？」と言うなら？

Is [　　　　] the new iPhone?

A this　　**B** that　　**C** it

1分考えて 答えが決まったら 次のページへ

答 B that

Answer

042

物やメッセージを直接（最初に）さすときは，this か that を使います。it は，すでに話の中に出てきている名詞を再びさすときの「それ」の意味で使います。

this・that は，必ずしも日本語の「これ」「あれ，それ」と対応しているわけではありません。対象との心理的な距離によって使い分けます。

知ってる？

043

this，that の使い分け

● this は，自分の領域にあるものを直接（最初に）さす。

» 知り合いを紹介する。
This is Mika.（こちらはミカです。）…ミカは自分の領域（自分側）にあるイメージ

» 自分が言う・言ったメッセージをさす。
I know this sounds strange, but ....
（今から言うことは，変に聞こえると思いますが…。）

» 今自分が体験したばかりのことをさす。
〈何かを食べながら〉This is good!（おいしい！）

● that は，相手の領域にあるものを直接（最初に）さす。

» 相手と向かい合っているとき，相手が持っているものをさす。
Is that yours?（それ，あなたの？）…相手の領域にあるイメージ。

» 相手と話しているとき，相手が言ったメッセージをさす。
Could you say that（× it）again?（もう一度言っていただけますか。）
I'm going to Hawaii. — Oh, that's（× it's）nice.
（ハワイに行くんです。—わあ，いいですね。）

» 自分が体験してから時間がたって，心理的な距離感ができたものをさす。
〈何かを食べ終わって〉That was good!（おいしかった！）

3

Grammar

第3章 英語のグラウンドルール

044 ～ 077

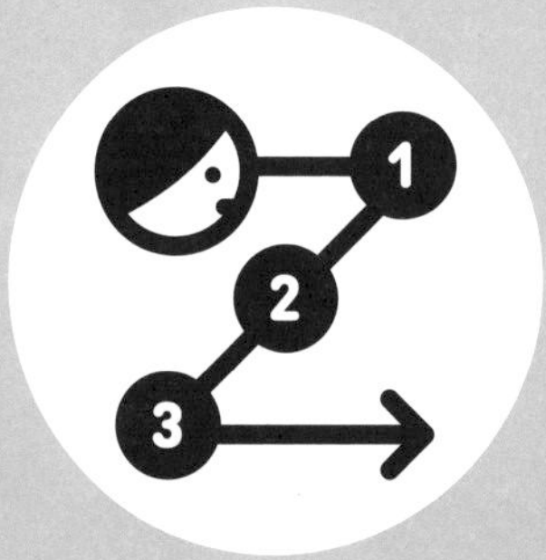

文の骨組みとなる文法について知る

01 通（かよ）ってます

目標時間 1分

ナツコは高校生。
制服（せいふく）がかわいくてあこがれていた高校に通っています。

問 「さくら高校に通っています。」を英語で言うと？ Question

A I go to Sakura High School.
B I'm going to Sakura High School.

1分考えて 答えが決まったら 次のページへ

答 A I go to Sakura High School. のほうがふつう

Answer

044

習慣のように，現在（日ごろ）くり返ししていることを言うときには A のような現在形を使います。

B のように I'm going to ～.（現在進行形）を使うと，「今は（一時的に）そこに通っています」というニュアンスで伝わります。文脈によっては，「今そこへ向かっているところです」とか，あるいは「そこに通うことになっています」という未来の予定を言っていると思われる可能性もあります。

知ってる？

いろいろな「～しています」の言い方

045

●「さくら病院で働いています」

・I **work** at Sakura Hospital.　» 勤務先を伝えるふつうの言い方。

・I**'m working** at Sakura Hospital.　»「今は」（一時的に）そこで働いている，という感じ。

●「東京に住んでいます」

・I **live** in Tokyo.　» 住んでいる場所を伝えるふつうの言い方。

・I**'m living** in Tokyo.　»「今は」（一時的に）そこに住んでいる，という感じ。

●「今のところ気に入っています」

How's your new job?（新しい仕事はどう？）などに対して…

・I **like** it so far.　» like（気に入っている，好きだ）や love（愛している，大好きだ）は，進行形にしないのがふつうの言い方。

●「最近○○しています」（近況報告）

最近始めて，今も続けている習慣を伝えるには I've been ～ing lately. が便利。

・**I've been running** lately.（最近，走っています。）

02 行きません

目標時間 1分

トモキは大学生。

朝，サークルの友達(ともだち)からメッセージ。

「今日のイベントに行く？」と聞かれました。

Question

問 「私(わたし)は行きません。」を英語で言うと？

A I don't go.

B I'm not going to go.

1分考えて 答えが決まったら 次のページへ

答 未来のことは B I'm not going to go. がふつう

Answer

046

日本語の「～します」「～しません」は，未来のことを言うときにも使いますね。しかし英語の現在形は，日ごろくり返ししていることを言うときに使う形で，未来のことを言うときにはふつう使いません。英語で未来のことを言うときには，be going to などの未来を表す形を使いましょう。

時刻表の内容のように決められているスケジュールの話をするときは，未来のことでも The train leaves at 5:30.（電車は 5:30 発です。）のように現在形を使うこともあります。

知ってる？

現在形ではない「～します」

047

●「今日はジムに行きます。」

○ I'm going to go to the gym today.

» I go to the gym. は「ふだんジムに通っている」という習慣を表す。

●「今日は昼食を食べません。」

○ I'm not going to have lunch today.

» I don't have lunch. は「ふだん昼食は食べない」という習慣を表す。

●「今日は何するの？」

○ What are you going to do today?

» What do you do? は「（ふだん，仕事は）何をしているのか」という職業の質問。

現在形で I go to the gym today. や I don't have lunch today. と言うと，きっちり決められているスケジュールの話をしているように聞こえます。「今日はジムに行く日です。」「今日は昼食のない日です。」のような意味合いです。

03 何するの？

目標時間 1分

サヤは会社員。

１週間の仕事を終えて，今日は待ちに待った金曜日です。

週末はどうするのか，同僚と雑談しましょう。

問 **「ねえアンディー，この週末は何する予定？」はなんて言うと自然？** **Question**

Hi, Andy! What [　　　] do this weekend?

A **do you** **B** **will you** **C** **are you going to**

1分考えて 答えが決まったら 次のページへ

Answer

048

答 **B でも OK だが，**
C are you going to がいちばん自然

be going to と will はどちらも未来のことを表しますが，意味にはちがいがあります。B の What will you do this weekend? でも通じますが，予定には be going to を使うほうが自然です。すでに決めている予定や計画には be going to を使い，その場で決めた申し出や約束には will を使います。

知ってる？

be going to と will の使い分け

049

● be going to のほうが自然なパターン

決めている予定・計画 » I'm going to go to Hawaii this summer.（この夏，ハワイに行きます。）

今の状況から，起こりそうなこと » Look at the sky. It's going to rain.（空を見て。雨が降りそうです。）

● will のほうが自然なパターン

「きっと～ですよ」という予測 » He'll be a good father.（彼はよい父親になりますよ。）

その場で決めた申し出や約束 » I'll help you.（私が手伝いますよ。）
» I'll call you tonight.（今夜，電話しますよ。）

たとえば，立食パーティーで同じテーブルの人に I'm going to get some dessert. と言えば，「私はデザートを取ってきます。」という「計画」に聞こえるので，自分の食べる分だけを持ってきそうです。一方，I'll get some dessert. は，「デザートを取ってきますよ。」という「申し出」に聞こえるので，聞き手の人たちの分も持ってきてくれそうです。

04 聞いときます

目標時間
1分

カイは今朝，外国人の上司から，週末のホームパーティーに誘われました。
上司は，以前に同じチームで働いていたサヤも
呼んだら来るかなあ？ と言っています。

問 「今日，彼女とランチをすることになってるので，聞いときますよ。」を英語で言うと？ Question

[①] lunch with her today. [②] her.

① A I'll have　　B I'm having

② A I'll ask　　B I'm asking

1分考えて 答えが決まったら 次のページへ

Answer

050

答 ① B I'm having ② A I'll ask とするとニュアンスが伝わりやすい

①のように現在進行形で未来のことを言うこともできます。「～することになっています」のような意味合いを伝えることができ，もうその予定に向けて動き出しているような感じがします。すでに具体的な日時などを決めてある予定を言うときによく使われます。

未来を表す現在進行形は，go や come のような移動を表す動詞をはじめ，さまざまな動詞で使われます。今している最中のことだと誤解されないようにしたいときは，tomorrow のような未来を表す語句をつけるのがポイントです。

②は will を使うことで，「(じゃあ) 私が聞いておきますよ。」のように，その場で自分が決めたこと（相手への申し出）だというニュアンスを伝えることができます。

知ってる？

051

be going to と現在進行形のニュアンスのちがい

●**「週末，サヤとランチを食べます。」**

- **I'm going to have** lunch with Saya this weekend.
  » 食べる予定だ[食べると決めている]が，具体的な段取りは未定の可能性も。
- **I'm having** lunch with Saya this weekend.
  » 約束や手配ができていて，それに向けてすでに動き出しているイメージ。

●**「この夏，京都に行きます。」**

- **I'm going to go** to Kyoto this summer.
  » 行く予定だ[行くと決めている]が，細かい日程などは未定の可能性も。
- **I'm going** to Kyoto this summer.
  » 予約や手配ができていて，それに向けて動き出しているイメージ。

05 だれと行くの？

目標時間 1分

ヤスヒコは大学生。今年は大学生活最後の夏休みです。
気になっている子が，来週，花火大会を見に行くそうです。
だれと行くのか，気になってしかたありません。

花火大会…
だれと行くんだろう？
友達？　家族？
もしかして，こ，恋人!?
恋人いるのかな…
聞いてみようかな…
イヤでも…
え～…うわ～…

Question

問 「だれと行くの？」はなんて言うのが自然？

A **Who are you going?**
B **Who are you going with?**
C **With who are you going?**

1分考えて 答えが決まったら 次のページへ

答 B Who are you going with? がいちばんよく使われる

Answer

052

「だれと」と言うとき，who は代名詞なので，「～と」を表す前置詞 with が必要です。C の With who ～? も正しい英語ですが，日常会話では，前置詞を最後に言う B のパターンがもっともよく使われています。（ちなみに who の目的格で whom という形もありますが，かたい書きことばでしか使われません。話しことばではふつう whom のかわりに who を使います。）

知ってる？

前置詞を使ったいろいろな疑問文

053

●前置詞が最後に残るタイプの，よく使う疑問文

だれに話しているのですか。	・**Who** are you talking **to**?
何の話をしているのですか。	・**What** are you talking **about**?
何をさがしているのですか。	・**What** are you looking **for**?
何を考えているのですか。	・**What** are you thinking **about**?
どんな感じですか。（感想）	・**What's it like?** ＊この like は「～のような」の意味の前置詞。
	・**What's it like** there? （〈旅先などの相手に，ようすや感想をたずねて〉そちらはどんな感じですか。）

●あいづちのように使える，短い質問フレーズ

・I'm going to go abroad next week.（来週，海外に行くんです。）
— Oh, **where to?**（へえ，どちらへ?）
— **What for?**（何のために?）
— **Until when?**（いつまで?）
— **For how long?**（どのくらいの期間?）
・I've been taking dance lessons lately.（最近，ダンスを習っているんです。）
— Oh, **since when?**（へえ，いつから?）

06 趣味なんです

目標時間 1分

ノゾミのお父さんは写真を撮るのが大好き。
外国から来た友達を案内しているときも，写真ばっかり撮っています。

Question

問「父は写真を撮るのが趣味なんです。」を英語で言うと？

My father enjoys ＿＿＿＿ pictures.

Ⓐ take　Ⓑ takes　Ⓒ taking　Ⓓ to take

1分考えて 答えが決まったら 次のページへ

Answer

答 C taking

054

enjoy ～ing で「～することを楽しむ」という意味になります。enjoy のあとにくる動詞(どうし)は ing 形にします。×enjoy to ～とは言いません。

enjoy は「楽しむ」という意味ですが，趣味を伝(つた)えるときによく使われます。たとえば「テニスが趣味です」なら，My hobby is playing tennis. などと言うよりも，I enjoy playing tennis. と言ったほうが自然(しぜん)な英語に聞こえます。

enjoy は感想を伝えるときにも便利(べんり)で，「～がおもしろかった・よかった・満喫(まんきつ)した」なども enjoy で表せます。たとえば，旅行の感想で「いろいろなお寺を見たのがおもしろかった」であれば I enjoyed seeing different temples. と言えます。また，「そこの食べ物を満喫した」なら I really enjoyed the food there. で表せます。

知ってる？

うしろの動詞が doing か to do か 早見表

055

doing のみ（to ～は使わない）
- enjoy ～ing（～することを楽しむ）
- finish ～ing（～し終える）
- stop ～ing（～するのをやめる）
- practice ～ing（～する練習をする）

to do のみ（～ing は使わない）
- want to ～（～したい）
- need to ～（～する必要(ひつよう)がある）
- hope to ～（～することを望(のぞ)む，～できたらいいなと思う）
- decide to ～（～することを決める，～することにする）

like，love，begin，start などはどちらも使われます。

- I like to take pictures. / I like taking pictures.
（写真を撮るのが好きです。）

07 どっちが重い？

目標時間 1分

フミヒロは友達(ともだち)の引っ越(こ)しのお手伝(てつだ)いをしています。
「これ，重いなぁ。」と言われたのですが，
今フミヒロが運んでいるもののほうが明らかに重いです。

Question

問 「こっちのほうが重い。」を英語で言うと？

This one's ＿＿＿＿.

A more heavy

B heavier

C more heavier

1分考えて 答えが決まったら 次のページへ

答 B heavier

Answer 056

何かと比べて「より～」と言うときは，形容詞・副詞を -er の形（比較級）にします。more をつけて比較級にするのは beautiful などの一部の長めの語だけなので，×more heavy や×more heavier とは言いません。

「いちばん～」（最上級）は，-est の形または most ～です。

知ってる？

「より～」「いちばん～」早わかり

057

原級（もとの形）	より～（比較級）	いちばん～（最上級）
・heavy（重い）など〈ふつうの語〉	» heavier	» heaviest

…heavy → heavier のように y を i に変えたり，big（大きい）→ bigger のように1字を重ねたりして，語尾のつづりに注意すべき語があります（→ p.150）。

・good・well（よい・よく）〈不規則〉	» **better**	» **best**
・bad（悪い）〈不規則〉	» **worse**	» **worst**
・beautiful（美しい）など〈長めの語〉	» **more** beautiful	» **most** beautiful

…次の語は，beautiful と同じように more・most をつけます（→ p.151）。
interesting（おもしろい），exciting（わくわくさせる），
important（重要な），difficult（難しい），famous（有名な），
popular（人気のある），expensive（高価な），useful（便利な），
slowly（ゆっくりと），quickly（すばやく） など

比較級を強める言い方

・I'm feeling **much** better now.（今は**ずっと**気分がよい。／体調は**だいぶ**回復した。）
・This supermarket is **way** cheaper.（このスーパーのほうが**かなり**安い。）
・This computer is **three times** faster.（このコンピューターのほうが**3倍**速い。）

08 何が使われてる？

目標時間
1分

マユコは，外国から来た友達を
大人気のラーメン店に連れていきました。
「スープがおいしい！」と言う友達に，解説しましょう。

Question

問 「豚の骨が使われてます。」と説明するには？

Pork bones ＿＿＿＿ to make this soup.

A used　　B are used
C using　　D are using

1分考えて 答えが決まったら 次のページへ

Answer

答 B are used

058

「～される」「～された」という受け身（受動態）の文です。受け身は〈be動詞＋過去分詞〉で表します。

受け身は by ～（～によって）を使った例文でおぼえている人も多いかもしれませんが，受け身の文に by は必ずしも必要ありません。むしろ，by ～のない受け身は「だれによってなされるのか＝だれのせいなのか，だれがやったのか」を明らかにしなくてよいので，角の立たない言い方としても便利に使われることがあります。実際，大部分の受け身の文に by は使われていません。

知ってる？

受け身の作り方・使い方

059

●「～されます」「～されました」

・This room is cleaned every day.
（この部屋は毎日掃除されます。）

・He was invited to the party.
（彼はパーティーに招待されました。）

●「～されますか」「～されましたか」

・Is this room cleaned every day?
（この部屋は毎日掃除されますか。）

・Was he invited to the party?
（彼はパーティーに招待されましたか。）

●受け身を使って「だれのせいか」を言わないテクニック

・「だれが壊したか」がわからないときや，言うと角が立ちそうなとき。
» It was broken during the game.（それはゲーム中に壊れてしまいました。）

・「だれが情報を伝えなかったか」がわからないときや，言うと角が立ちそうなとき。
» I wasn't told about it.（私はそのことを言われていません。）

・「だれが予算を削ったか」がわからないときや，言うと角が立ちそうなとき。
» The budget was cut.（予算が減らされました。）

09 わくわく

目標時間
1分

ユウキは今日ついに，ずっと大ファンだった歌手のコンサートに行きます。
友達(ともだち)に「どんな気持ち？」と聞かれました。

問　「すごくわくわくしてます。」を英語で言うと？　Question

I'm really ＿＿＿＿.

A exciting　　**B** excited

1分考えて 答えが決まったら 次のページへ

Answer

答 B excited

060

「わくわくしています。」は，I'm excited. です。excite は「～を興奮させる」という意味の動詞です。そこから, exciting（〈人を〉興奮させるような）と，excited（興奮させられた）という 2 つの形容詞ができました。

もう少しくわしく見てみましょう。たとえば，（話しことばではこのような言い方はあまりしませんが）The news excited him. は「その知らせは彼を興奮させました。」の意味です。「その知らせ」について言えば The news was exciting.（興奮させるものだった）となり，「彼」について受け身で言えば，He was excited.（興奮させられた）となります。

知ってる？

～ing と～ed 早わかり

061

［動］**excite**（～を興奮させる・わくわくさせる）

［形］**exciting**（人をわくわくさせるような）
» an exciting game
（わくわくさせる試合）

［形］**excited**（わくわくさせられた）
» excited fans
（興奮したファンたち）

［動］**surprise**（～をおどろかせる）

［形］**surprising**（人をおどろかせるような）
» The news was surprising.
（その知らせはおどろくべきものだった。）

［形］**surprised**（おどろかされた）
» I was surprised.
（私はおどろかされました。／びっくりしました。）

［動］**interest**（～の興味をかき立てる）

［形］**interesting**（人の興味をひくような）
» The book was interesting.
（その本はおもしろかった。）

［形］**interested**（興味をひかれた）
» I was interested.
（私は興味を持ちました。）

10 完了している？

目標時間 1分

フミコは国内旅行が大好き。
京都の観光地で，英語を話す人とおしゃべり。
京都についていやにくわしいなと思ったら，こう言われました。

I've lived in Kyoto for ten years!
I ♥ 京都

Question

問 I've lived in Kyoto for ten years. ということは？

A 今，京都に住んでいる

B 今は京都に住んでいない

1分考えて 答えが決まったら 次のページへ

Answer

答 （ほとんどの場合）A 今，京都に住んでいる

062

過去形の I lived in Kyoto for ten years. は「10 年間住んでいました。」と言っているだけで，現在住んでいるかどうかは不明です。それに対して I've lived in Kyoto for ten years. は「10 年間住んだ」という過去の情報だけでなく，「今も京都に住んでいる」という現在の情報も同時に伝えています。これを現在完了形といいます（「継続」を表しています）。

現在「完了」形というネーミングはあまり気にしないようにしてください。あくまでも現在形の一種であり，過去からつながっている「今の状態」を表す形です。「今，10 年間京都に住んだという状態にある」という感覚です。

ちなみに，この場面で，特に I've lived in Kyoto. とだけ言われた場合などは，「以前，住んでいたことがある」（I've lived in Kyoto before.）という「経験（→ p.80）」を表している可能性もあります。その前後の文脈で判断しましょう。

知ってる？

現在完了形（have＋過去分詞）早わかり

063

●継続…「（今まで）ずっと～している」という現在の状態

・I've worked here for five years.（私は 5 年間ここで働いています。）
・He has been busy since last week.（彼は先週からずっといそがしい。）

●経験…「（今までに）～したことがある」という現在の状態

・I've met him once.（私は彼に一度会ったことがあります。）
・I've never played golf.（私は一度もゴルフをしたことがありません。）

●完了…「もう～してしまった」「ちょうど～したところだ」という現在の状態

・We've just arrived at the station.（私たちはちょうど駅に到着したところです。）
・The movie hasn't started yet.（映画はまだ始まっていません。）

11 行ったことある？

目標時間
1分

セイヤは海外留学中。現地の友達の Bob と Kevin とランチを食べています。
行ったことのある国の話で Kevin と盛り上がっていたら，
突然 Bob が何とも言えない表情をし始めました。

Question

問 「あなたは今までに海外に行ったことがありますか？」を英語で言うと？

Have you ever ＿＿＿＿ abroad?

A went　**B** went to　**C** been　**D** been to

1分考えて 答えが決まったら 次のページへ

Answer

答 C been

064

現在完了形の疑問文は, have と過去分詞を使います。「～に行ったことがある」（経験）は，go の過去分詞 gone で have gone to ～と言う場合もありますが，be の過去分詞を使って have been to ～と言うほうがふつうです（gone は「行ってしまった，去った（今はいない）」という意味合いが強いためです）。

abroad は1語で「海外へ・海外で」という意味を表す副詞なので，abroad の前に to はつけないことにも注意しましょう。

知ってる？

「行ったことがある」の言い方

065

●回数の言い方

・一度もない　I've **never** been there.（そこには一度も行ったことがありません。）

・1回　I've been there **once**.

・2回　I've been there **twice**.

・3回　I've been there **three times**.

・何度も　I've been there **many times**.

●心理的な「場所」にも使う

・I know how you feel. I've been there before.
（気持ちはわかります。私も以前にその経験があります。）
…「そこにいた[行った]ことがあります」だが，相手の感情に共感を表す言い方。

・I've never been in that situation.
（私はそのような状況を経験したことがありません。）

●よくあるまちがい

× I've been to Hawaii three years ago.
（私は3年前にハワイに行ったことがあります。）

» 現在完了形はあくまでも現在形の一種であり，「経験がある」という今の状態を表す形。そのため，～ ago のような過去を表す語句といっしょには使えない。

12 だれにあげたの？

目標時間 1分

アカネの友達(ともだち)の留学生(りゅうがくせい)は，
女性(じょせい)から男性(だんせい)にチョコをあげるという日本の習慣(しゅうかん)をおもしろがっています。
手作りチョコを作ったと言ったら，だれにあげたのか聞かれました。

Question

問 だれにあげたか聞かれて「ハヤトにあげた」と答えるには？

A I gave Hayato it.　**B** I gave it to Hayato.

1分考えて 答えが決まったら 次のページへ

Answer

答 B I gave it to Hayato.

066

「彼にプレゼントをあげる」は give him a present でも，give a present to him でも表せます。でも，これらは厳密には同じではありません。英語では原則として，聞き手にとって新しい情報がうしろにきます。文末の単語を高いイントネーションで言う習慣もあり，最後の情報が印象に残るからです。

ここでは,「だれに」というのが聞き手にとって新しい（知りたい）情報なので，Hayato を最後に言います。なお，give Hayato it とは言いません。it は「すでに出てきた名詞」をさす代名詞であり，新しい情報ではないためです。

知ってる？

「A に B を」の動詞 早わかり

067

●「A に B を」の2つの言い方

・I'll give you **this watch.**

»「この時計を」ということに重みがある言い方。「あなたには（なんと）この時計をあげます。」というニュアンス。「何をくれるの？」に対する答え。

・I'll give this watch **to you.**

»「あなたに」ということに重みがある言い方。「この時計を（ほかでもない）あなたにあげます。」というニュアンス。「だれにあげるの？」への答え。

●「A に B を」の形になるいろいろな動詞

show me your ID
（あなたの身分証を私に**見せる**）

tell me your name
（あなたの名前を私に**教える**）

teach them math
（彼らに数学を**教える**）

get me a tissue
（私にティッシュを**取ってくる**）

send her a picture
（彼女に写真を**送る**）

lend them some money
（彼らにお金を**貸す**）

ask him some questions
（彼に何問か**たずねる**）

make her a sandwich
（彼女にサンドイッチを**作る**）

13 ほしかったお土産

目標時間 1分

トシアキは，外国から来ている友達のショッピングにつきあっています。
「お土産に買って帰りたいチョコレートがある」と言って
1人でさがしに行っていた友達がもどってきました。

Question

問 「ほしかったチョコは見つかった？」という意味に並べかえると？

Did you [　　　　　　　　　]?

[you / find / chocolate / wanted / the]

1分考えて 答えが決まったら 次のページへ

答 Did you **find the chocolate** **you wanted** ?

Answer 068

「あなたがほしがっていたチョコレート」は，the chocolate you wanted という語順になります。

ここで，英語で名詞をくわしく説明するときの思考の流れを紹介します。まずは，Did you find the chocolate? と言います。しかしこれだけでは，どのチョコのことか相手に伝わらないので，you wanted（あなたがほしかった）という情報を付け足します。そうすることで，どのチョコかを特定するのです。「後ろから付け足し」，これが，英語の説明のパターンです。

知ってる？

「後ろから付け足し説明」早わかり

069

●前置詞で付け足し

・The bag on the left is mine.（左側のかばんが私のです。）
左側の

●～ing で付け足し

・The woman carrying a suitcase is Ms. Miller.
スーツケースを運んでいる
（スーツケースを運んでいる女性がミラーさんです。）

●過去分詞で付け足し

・The computers used here are very fast.
ここで使われている
（ここで使われているコンピューターはとても速い。）

●〈主語＋動詞〉で付け足し

・I saw a video he took.（私は彼が撮った動画を見ました。）
彼が撮った

・The video he took was very funny.
彼が撮った
（彼が撮った動画はとてもおかしかった。）

・This is the video I was looking for.
私がさがしていた
（これが私がさがしていた動画です。）

14 私は教えられませんが

目標時間 1分

カズヒロは英語の先生です。
同僚のネイティブスピーカーの先生が,
日本語を本格的に勉強したくて，日本語教師をさがしているそうです。

Question

問 「日本語を教えられる友達がいますよ。」を英語で言うと？

I have a friend [　　　　] Japanese.

A can teach　**B** who can teach

C which can teach

1分考えて 答えが決まったら 次のページへ

Answer

070

答 B who can teach

「日本語を教えられる友達」は a friend who can teach Japanese という語順になります。

この who は関係代名詞と言います。まず I have a friend. と言ったあとで，これだけではどんな友達のことか相手に伝わらないので，関係代名詞 who を使って情報を付け足します。この who は前の a friend を受けて，「どんな友達かというと，その友達は…」といった意味を表しています。

関係代名詞は，前の名詞が人なら who，物なら which を使います。人と物のどちらにも使える that という便利な関係代名詞もあります。

関係代名詞は，省略できる場合とできない場合があります。

知ってる？

071

関係代名詞 省略できる・できない 早わかり

●省略できない…省略すると，説明される名詞のすぐあとに動詞や助動詞が続いてしまう

○ I have a friend **who** can teach Japanese.

who は，説明を付け足す合図（どんな友達かというと，その友達は…）

× I have a friend can teach Japanese.

後ろから説明していることがわからなくなってしまう。

●省略できる…省略すると，説明される名詞のすぐあとに〈主語＋動詞〉が続く

○ This is the book **that** I bought there.（これが私がそこで買った本です。）

that は，説明を付け足す合図（どんな本かというと，その本は…）

○ This is the book I bought there.（これが私がそこで買った本です。）

〈主語＋動詞〉…関係代名詞がなくても説明を付け足せる

15 これなーんだ？

目標時間 1分

サオコは大阪(おおさか)生まれの大阪育ち。
日本の食べ物が大好きだという，外国人の友達(ともだち)を家に招(まね)きました。
たこ焼(や)きパーティーでおもてなしをしようと思います。

Question

問　「これ，なんだか知ってる？」という意味に並(なら)べかえると？

［　　　　　　　　　　　　　　　　］?

[this / do / know / is / you / what]

1分考えて 答えが決まったら 次のページへ

Answer

答 Do you know what this is ?

072

「これはなんだか知っていますか。」は，Do you know what this is? という語順になります。×Do you know what is this? とは言いません。

疑問詞の疑問文は，別の文の中に入ると語順が変わります（間接疑問といいます）。what this is のように〈疑問詞＋主語＋動詞〉の語順になります。

間接疑問は，ていねいに質問したいときにも役立つ便利なテクニックです。たとえば，知らない人にいきなり Where is the station?（駅はどこですか。）のように道をたずねるのは少し唐突で，失礼に聞こえる場合があります。そんなとき，間接疑問で Do you know where the station is?（駅がどこにあるか知っていますか。）とすると，ぐっとていねいな印象になります。

知ってる？

便利に使える間接疑問のパターン

073

この文の中に入ると…	疑問詞のあとは〈主語+動詞[助動詞]〉
Do you know ～?	» Do you know **why** she's angry? （なぜ彼女が怒っているのか知っていますか。）
I don't know ～.	» I don't know **what** I should do. （私は何をしたらいいかわかりません。）
May I ask ～?	» May I ask **where** you're from? （あなたがどこの出身か聞いてもいいですか。）
Could you tell me ～?	» Could you tell me **where** you got this? （これをどこで手に入れたのか教えていただけますか。）
I'm not sure ～.	» I'm not sure **when** he will arrive. （彼がいつ到着するかよくわかりません。）
Don't worry about ～.	» Don't worry about **what** other people think. （ほかの人がどう考えるかなんて心配しないで。）

16 もし…

目標時間 1分

トシヒロは，日本に出張に来た外国人のお客さんと会っています。
自然が好きということなので，
ぜひ富士山に連れていきたいと思ったのですが…。

If I had time,
I would go.
Mt. Fuji

問 Question
If I had time, I would go. と言われたら？

A 時間があれば，今回行くかもしれない。

B 時間がないので，今回は行かないつもり。

1分考えて 答えが決まったら 次のページへ

Answer

答 B 時間がないので，今回は行かないつもり。

074

If I had time, I would go. は「もし時間があれば行くのに（でも現実には時間がないから行かない）。」という意味です。If I had time のところが過去形になっているのがポイントです。現在のことなのにわざと過去形にすることで，「現実とはちがいますが」という前提で話しているという合図になっています。これを仮定法といいます。

If I have time, I will go. なら「もし時間があれば行きます。」のように条件を言っているだけで，仮定法ではありません。現在のことなのにわざと過去形を使うのが仮定法です。

知ってる？

意外によく使う「仮定法」の便利なパターン

075

パターン	動詞や助動詞を過去形にして，「現実とはちがう」と示す
I wish ～.	» I wish we **had** more time. （私たちにもっと時間があればよかったのに。） I wish I **could**, but I already have plans tonight. （行けたらよかったのですが，今夜はすでに予定があります。） ＊「来られますか？」と誘われたときの断り方 I wish I **were** you.（私があなただったらよかったのに。） ＊仮定法では，be 動詞の過去形は主語が何でも were を使うのが原則。
If I were you, ～.	» If I **were** you, I **would** try it. （もし私があなただったら，それをやってみます。） I **wouldn't** do that.（私だったらそれはしません。） ＊ If I were you などが省略されていると考える。
If only ～!	» If only today **were** Friday! （今日が金曜日だったらなぁ！）

17 考えさせて

目標時間 1分

ヤスヒトはある日，外国人の上司(じょうし)に呼(よ)び出されました。
来年からアメリカ支局(しきょく)に駐在(ちゅうざい)する気はあるか，とのこと。

問 「考えさせてください。」を英語で言うと？

Question

Please [　　　　] me think about it.

A let　　B get　　C make

1分考えて 答えが決まったら 次のページへ

Answer

答 A let

076

Let me think about it. で「それについては私に考えさせて。」という意味になります。let は Let's ～. (～しましょう。) の形でよく使いますが，本来は「～させる」という意味の動詞（使役動詞）です。let A B で「A に B させる［させてあげる］」という意味で，A がしたいことをOKするときに使います。B には動詞の原形が入ります。よく使われる Let me ～. の実際のニュアンスは，「私に～させてください。」という日本語よりも軽く，「～しますね」「～するよ」という感じです。

make も使役動詞で，make A B で「A に B させる」という意味です。こちらは許可を表す let とちがって，無理やり何かをさせるという意味合いです。

知ってる？

意外に便利な「使役動詞」早わかり

077

● **let**（～させる，～させてあげる）　＊気軽に申し出たり，相手の希望に OK を出したりするときに使う。

Let me.（私にやらせて。／〈子どもが〉ぼく［私］がやる！）
Let me know.（教えてね。）　Let me check.（確認しますね。）
Please let me go.（私を行かせて［解放して］。／〈手を〉離して。）
He let me stay over.（彼は私を家に泊めてくれた。）
I can't let you do that.（あなたにそれをさせるわけにはいきません。）

● **make**（～させる）　＊無理やりさせるという意味合いもある。

His words made me cry.
（彼のことばは私を泣かせました→彼のことばに涙しました。）
What made you think so?
（何があなたにそう思わせたのか→どうしてそう思ったのですか。）

4

Conversation

078 ~ 103

第4章 英会話のリアル

会話のやりとりのリアルに触れる

目標時間 **1** 分

01 ちょっと苦手

トシユキは，知り合いとレストランにやって来ました。
これ食べませんか？と提案されましたが，
実はトシユキはカキがちょっと苦手です。

3,800円
カキのポワレ 青春風
淡い想いと甘酸っぱいソースを添えて
4,500円

Question

問　苦手なことを伝えるときの，ソフトで礼儀正しい言い方は？

Oh, actually,

A I do not like oysters.

B I don't like oysters.

C I don't really like oysters.

D I'm not good at oysters.

1分考えて 答えが決まったら 次のページへ

答 **Answer**

やんわりと伝えたいなら
C I don't really like oysters. がおすすめ

078

A の do not のような短縮しない形は，会話ではほとんど使いません。短縮しないほうが正式で礼儀正しいというわけではありません。短縮しない形は，「全然好きではありません」と強調しているように聞こえるので注意しましょう。

B は自然で正しい英語ですが，ストレートに「好きじゃないです」と伝える表現なので，冷たく聞こえることや，子どもっぽく聞こえることもあります。C の really（あまり，それほど）のようなクッションことばを使うとスマートです。

be good at ～（～が得意だ）は，I'm not good at cooking.（料理が得意ではない）のように，技術について使います。好みの話には使えません。

知ってる？

「苦手」をマイルドに伝える便利な言い方

079

● **not really ～，not ～ very much**（それほど～ではない）

・Do you like sushi? » すしは好きですか。
— Not really. —それほどでもありません。
・I don't really like seafood. » シーフードはそれほど好きではありません。
= I don't like seafood very much.

● **not a big fan of ～**（～の大ファンではない→それほど好きというわけではない）

・I'm not a big fan of oysters. » カキはそれほど好きというわけではありません。
・I'm not a big fan of camping. » キャンプはそれほど好きというわけではありません。

● **not my thing**（私の趣味・得意なものではない）

・Oysters aren't my thing. » カキは得意ではありません。
・Camping isn't my thing. » キャンプは得意ではありません。

02 持ってきてあげる

目標時間 1分

コズエは，外国から日本に遊びに来た友達（ともだち）を，
彼（かれ）が前から来たかったというカレーのお店に連（つ）れてきました。
「3辛（から）」にもん絶（ぜつ）している彼に，水を持ってきてあげましょう。

問 「お水持ってくるね。」と言うときベストなのは？ Question

A I get some water.

B I'll get some water.

C I'm getting some water.

D I'm going to get some water.

1分考えて 答えが決まったら 次のページへ

答 「持ってくるね」と親切に申し出る感じを出すなら B I'll get some water. がおすすめ

Answer 080

日本人が迷いがちな未来の言い方について，復習をかねて整理しましょう。すでに決めている予定には be going to や現在進行形を使いますが，その場で決めたことには will を使うのが自然なのでしたね（→ p.64，66）。

実は will を使うと，相手のために「してあげる」という話し手の気持ちをこめることができます。B のように言うことで，「私が（あなたのために）してあげるよ」と申し出ていることが伝わりやすくなります。「水を持ってきますよ」「水を持ってきますね」の語尾の「よ」「ね」に似たはたらきと言ってもいいでしょう。

C・D も正しい英語ですが，「私は水を持ってきます」と自分が一瞬前に決めていた行動を宣言するような言い方です。will のような申し出のニュアンスはないので，ともすると自分の飲む分だけを持ってくるかのようにも聞こえます。

知ってる？

「～しますよ」「～しますね」の will

081

相手に対する申し出
» I'll help you.（私が手伝いますよ。）
» I'll get some water.（水を持ってきますね。）

相手への約束
» I won't do that again.（もう二度としませんよ。）
» I won't tell anyone.（だれにも言いませんよ。）

相手への案内
» I'll call you tonight.（今夜，電話しますね。）
» She'll be back soon.（彼女はまもなくもどりますよ。）
» Your package will arrive tomorrow.
（あなたの荷物は明日届きますよ。）

03 行かなきゃ

目標時間 **1** 分

マサノリは，飲食店でアルバイト中。
友達（ともだち）から次の日曜の予定を聞かれましたが，その日は歯医者さんに行かないといけません。遊びに行きたいのはやまやまなのですが…。

Question

問 「ごめん, 日曜は歯医者さんに行かなきゃなんだ。」はどっちが自然（しぜん）？

Oh, sorry.

A **I must go to the dentist next Sunday.**

B **I have to go to the dentist next Sunday.**

1分考えて 答えが決まったら 次のページへ

答 特に意図がなければ B I have to go to the dentist next Sunday. がふつう

Answer 082

mustもhave toも「～しなければ」という意味ですが，実は会話でmustを使う場面は限られていて，have toのほうが圧倒的に使う機会が多いのです。

Aのようにmustを使うと，話し手自身が「どうしてもしなければ」と思っているということを表します。たとえば，「もう歯が痛くて，次の日曜日こそは絶対に歯医者さんに行かないといけないのだ」という決心のようなものを伝えたいならmustです。

一方，have toは何か客観的な事情があって「しなければ」という意味合いです。単純に「(予約しているから）歯医者さんに行かなきゃ」と伝えるときに適した日常的な言い方はBです。

ちなみに，会話ではhave toのかわりにhave got toを使うことも多く，「しなきゃ」という部分をより強調した言い方になります。

知ってる？

have toとmustのちがい

083

● **have to, have got to** … 客観的な事情（日常的な「しなきゃ」はほとんどこちら）

- Oh, I have to[I've got to] go now.
  (〈時間などでやむを得ず〉もう行かないといけません。)
- I have to[I've got to] work on weekends.（週末も仕事なんだ。）
- I have to[I've got to] get some milk.（牛乳を買わなきゃ。）

● **must** …「どうしてもしなければ！」という自分自身の思いを伝えるとき

- I must lose weight.（絶対にやせなきゃ。〈自分の思い・決心〉）
- 〈公的文書などの書きことばで〉You must send it by tomorrow.（明日までに送ること。〈強い指示〉）

04 食べられます？

目標時間 **1** 分

アイカは，来日中の取引先の社長を
日本料理のお店でおもてなししようと考えています。
生の魚が苦手かもしれないので，事前に聞いておきましょう。

Question

問 「お刺身は食べられますか？」は どっちがベター？

A **Can you eat sashimi?**

B **Do you eat sashimi?**

1分考えて 答えが決まったら 次のページへ

Answer

答 上から目線に聞こえないように B Do you eat sashimi? がおすすめ

084

助動詞canは能力や可能性を表します。A のCan you eat sashimi?は,「あなたは食べる能力がありますか？」という意味合いがあるので，聞き手によっては試されている感じがしたり,「食べられなかったら何かダメなのだろうか」「食べられるのが当たり前なのだろうか」のように思ったりする人もいます。

B のDo you eat sashimi?は,「食べる習慣があるかどうか」「ふだん食べるかどうか」という意味の質問です。そのため，相手は自分の能力の有無にはふれずに答えることができます。「食べられるかどうか」を知りたいときは,ストレートにCan you ～？で能力の有無を聞くよりも，遠回しにDo you ～？の形で質問するほうがスマートです。

知ってる？

スマートな「できますか？」のたずね方

085

- **「日本語は話せますか。」** » Do you speak Japanese?
  … Can you speak ～? は，面接などで能力を質問しているようで，失礼に聞こえることがある。
- **「お酒は飲めますか。」** » Do you drink alcohol?
  … Can you drink ～? は，（体質などの理由で）飲む能力をあえて質問している印象になる。
- **「箸は使えますか。」** » Do you use chopsticks?
  … Can you use ～? は,「できないだろう」と思っているような印象を与えることも。ばかにされていると思う人もいるので，避けたほうがよい。
- **「かぎは見つかりましたか。」** » Did you find the keys?
- **「試験は受かりましたか。」** » Did you pass the exam?
  … 能力を表すcan／couldを使わないほうが自然なことも多い。

05 私とだれが…

目標時間 1分

ココロは会社員。今日は大きな会議があります。
上司に「その会議にはだれが出るの？」と聞かれました。

Question

問 「私とアリスとメグが出ます。」を礼儀正しく言うにはどれがベスト？

[　　　　] will be there.

A Me, Alice and Meg

B I, Alice and Meg

C Alice, Meg and I

1分考えて 答えが決まったら 次のページへ

Answer

086

答 C Alice, Meg and I が大人っぽくておすすめ

自分とだれかを並べて話す場合には，C Alice, Meg and I のように自分を最後にもってくるのがマナーです。くだけた会話では A Me, Alice and Meg will ～. のように言うこともありますが，フォーマルさが求められる場面や，スピーチなどでは自分を最後にしましょう。

ちなみに英語では，After you.（お先にどうぞ。）という表現をよく使います。たとえば知らない人に対しても，ドアを開けて支えながら，After you. と言ってほかの人を先に通すことがとてもよくあります。語順だけでなく実際の生活でも，自分のことは最後にもってくるのがマナーという感覚なのかもしれません。

知ってる？

日本語と英語で語順が逆になるもの

087

日本語	英語で一般的な語順
私と夫［妻］	» my husband[wife] and I
父と母［パパとママ］	» mother and father[Mom and Dad]
左右	» right and left
白黒	» black and white
南北	» north and south
野菜と果物	» fruit(s) and vegetables
需要と供給	» supply and demand
遅かれ早かれ	» sooner or later
あちこちに	» here and there
前後に	» back and forth

06 行きましょう

目標時間 1分

ユカは大学生。
海外旅行先で知り合った，仲よしの友達が来日中です。
明日は予定がないみたいなので，買い物に誘ってみましょう。

Question

問 どう言って誘いを切り出すのがいちばんソフトで自然？

A Let's go shopping.

B Shall we go shopping?

C Do you want to go shopping with me?

1分考えて 答えが決まったら 次のページへ

答 Answer 088

C Do you want to go shopping with me? が一方的な感じがなくおすすめ

実は Let's go ～. は「行こう！」という一方的な宣言のようにも聞こえる言い方です。会話のノリや前後の流れによってはもちろん Let's ～. も使いますが，疑問文の形ではないので相手は断りにくく，唐突に聞こえる場合もあります。

一方的な感じや唐突な感じを避けたいときには，はじめの声かけは Do you want to ～? がおすすめです。直訳の「～したいですか」とはニュアンスがちがい，「～しませんか」と誘ったり提案したりする意味合いがあります。

Shall we ～? はフォーマルで正しい英語ですが，特にアメリカでは shall はあまり使われません。年配の人のことばづかいという印象を受ける人もいます。Shall we go?（〈そろそろ〉行きますか？）や Shall we begin?（〈打ち合わせなどをそろそろ〉始めますか？）などの短い決まった言い方以外ではあまり使われません。

知ってる？

誘う・申し出る言い方

089

●**「(いっしょに) ～しませんか。」** … Do you want to ～ (with me)?
〈よりていねい〉 Would you like to ～ (with me)?

「今夜，食事に行きませんか。」 »Do you want[Would you like] to go to dinner tonight?

●**「(私が) ～しましょうか。」** … Do you want me to ～?
〈よりていねい〉 Would you like me to ～?

「車で送りましょうか?」 »Do you want[Would you like] me to drive you?

07 え!? うそ!?

目標時間
1分

職場のお昼休み。ルミコはいつものように仲良しの同僚とランチです。
そうしたら同僚が突然，「実は今月いっぱいで仕事辞めるんだ」とのこと。
急な話でびっくり。信じられません。

Question

問 「うそだー!?」は英語で？

- **A** Are you serious?
- **B** That's a lie!
- **C** You're a liar!
- **D** That's incredible!

1分考えて 答えが決まったら 次のページへ

答 **A** Are you serious? が リアクションとしてふつう

Answer 090

日本語では軽い気持ちで「うそでしょ？」のように言いますが，英語で同じようなリアクションをしたいときに，**lie**（うそ・うそをつく）や **liar**（うそつき）ということばは使うべきではありません。もし使うと，気軽なリアクションではなく，「このうそつき！」と決めつけて相手を非難しているような言い方になってしまいます。また，**D** の **incredible** は「信じられないほどすばらしい，すごい」という意味なので，悪いニュースには使えません。

知ってる？

一言リアクション

091

●**「うそー!?」**（おどろいて信じられないとき）

- Are you serious?（ほんとうなの？）
- Seriously? ／ For real?（まじで？）
- No way!（まさか！）
- That can't be!（それはありえない！）
- You're kidding (me)!（まさか，からかってるんでしょ！）

●**「へえー！」**（知らなかった・感心したとき）

- Really?（なんと！）
- Oh!（えー！）
- I didn't know that!（知らなかった！）
- I'm impressed.（すごいね。）
- That's interesting!（それは興味深い！）

●**「わかるー！」**（共感したとき）

- Oh, I know!（ああーわかる！）
- Right!（そうだよね！）
- I know what you mean!（言ってる意味，わかります！）

●**「よかったね！」**（相手にいいことがあったとき）

- That's great!（それはよかった！）
- How wonderful!（すばらしい！）
- Congratulations!（おめでとうございます！）
- I'm so happy for you.（それはとてもよかったね。）

08 たぶん行くー

目標時間 1分

マイの会社は，出社かテレワークかを自由に決められます。
打ち合わせしたいという同僚（どうりょう）から，明日は出社するかどうか聞かれました。
明日は十中八九，出社するつもりですが…。

問　**「たぶん（行く）」と答えるには？**　Question

A Possibly.　**B** Maybe.　**C** Probably.

1分考えて 答えが決まったら 次のページへ

Answer

答 C Probably. がいちばん行きそうな感じ

092

「たぶん」と言いたいとき，B Maybe. を思いうかべる人も多いかもしれません。しかし実は，maybe の表す可能性は「たぶん」よりもかなり低いのです。maybe は，可能性が半々かそれ以下という印象を与えます。「もしかすると行くかも。」のような感じです。そのため，相手は「来なそうだな」と思ってしまうでしょう。

「たぶん行く」と言いたいなら，70%以上の可能性を表す C Probably. がいちばん近い言い方です。probably はとてもよく使う副詞で,「プラーブリ」や「プラーリ」のようにくずして発音されることもあります。

A の possibly は「ひょっとすると」という感じで，maybe よりも低い可能性を表します。

「～かもしれない」は，助動詞の might を使って表すこともよくあります。

知ってる？

「たぶん」「かもしれない」の言い方

093

副詞	表す可能性の目安
・probably	»「たぶん」… 70%以上の高い可能性。
・maybe	»「もしかすると」… 半分か，それ以下の可能性。はっきり Yes と言わずに答えをにごしたいときにも使う。
・perhaps	»「もしかすると」… 半分か，それ以下。maybe よりもフォーマルな言い方。
・possibly	»「ひょっとすると」… 20%以下の低い可能性。

●助動詞 might を使った「かもしれない」… 20～30%程度の可能性を表す。

・I might be able to go. （〈もしかすると〉行けるかもしれません。）

・You might like it. （〈もしかすると〉気に入るかもしれませんよ。）

09 どうして日本へ？

目標時間 1分

アキラはタクシーの運転手です。
空港で，スーツケースを持った男性を乗せました。
ちょっと話したら，アメリカから来て，日本は初めてとのこと。

Question

問 「どうして日本へ？」とていねいに聞くには？

A Why did you come to Japan?

B How did you come to Japan?

C What brought you to Japan?

1分考えて 答えが決まったら 次のページへ

答 C What brought you to Japan? が感じがよくておすすめ

Answer

094

A Why did you come to Japan? は正しい英語ですが,「なぜ来たのか。」というストレートな質問です。問いつめているような,そして場合によっては「何しに来たんだ。」と責めているように聞こえる可能性さえあります。

感じよく聞きたいときは,「何があなたを日本に連れてきたのですか。」という意味の C What brought you to Japan? がおすすめです。主語を物にすることで,「きっかけ」を遠回しにたずねる形です。また, Are you here on vacation[business]?(旅行[お仕事]で来られたのですか。)で会話を始めてもいいでしょう。B は「どうやって来たのか」と交通手段をたずねる文です。

Why ～? よりも軽い感じで理由をたずねる How come ～? という表現もよく使われます。「どのような経緯でそうなったの？」とたずねる感じになります。

知ってる？

「どうして？」のスマートな言い方

095

●「どうして日本へ?」
- ○ What brought you to Japan? / What brings you to Japan?
- ○ What made you come to Japan?

●「どうして遅れたの?」
- ○ How come you're late?
  …軽い感じで経緯をたずねている
- △ Why are you late?
  …問いつめているようにも聞こえる

●「どうして彼を知ってるの?」
- ○ How do you know him?
  …「どのような経緯で」とたずねている
- △ Why do you know him?
  …「知っているはずがないのに,その理由はなぜ?」と問いつめているように聞こえる

10 行ったほうがいい

目標時間 1分

アキラはその後，タクシーのお客さんと話が弾(はず)みます。
近くの観光地(かんこうち)について，今回の滞在(たいざい)中に行こうかどうか迷(まよ)っているそうです。
個人的(こじんてき)にはわりとおすすめなので，伝(つた)えましょう。

Question

問 「もし時間があるなら，行ったほうがいいですよ。」とおすすめするにはどっちが自然(しぜん)？

[　　　　] if you have time.

A You should go　　**B You'd better go**

1分考えて 答えが決まったら 次のページへ

答 **A You should go がフレンドリーな「おすすめ」**

Answer

096

should は「～すべきだ」のようなかたい訳で習った人も多いかもしれません。しかし実際には should は，かたい助言だけでなく，「～するといいですよ」と軽くおすすめするときにもとてもよく使われます。友達に「～しなよ」と言うときにも should を使います。「行ったほうがいいですよ」というフレンドリーなおすすめになる A がよいでしょう。

一方，had better は「～するのが身のためだ」という強い忠告です。そうしないとよくないことが起こるという警告のように聞こえるので注意しましょう。

知ってる？

おすすめする表現のニュアンス

097

- **You should ～.** »「～するといいですよ」「～しなよ」
  - You should come.（〈友達を誘うときなどに。楽しいと思うから〉来なよ。）
  - You should try it. I think you'll like it.（食べてみなよ。気に入ると思うよ。）
- **You should probably ～.**
  » You should ～. よりもひかえめ。断定を避け，相手に任せる感じで好印象。
- **(If I were you,) I would ～.**
  »「自分だったら～」という助言・提案。ひかえめながら強く印象に残る。
- **You might want to ～.**
  »「～するのが（あなたにとって）いいかもしれません」という助言。
  - You might want to confirm the reservation.（〈念のために〉予約を確認しておいたほうがいいかもしれません。）
- **You had better ～.**
  »「～したほうが身のためだ」「～しないと困ったことになる」という警告。
  - You'd better see a doctor.（医師に診てもらいなさい〈そうしないと大変なことになるかもしれない〉。）

11 今は聞くだけ

目標時間 1分

ヒトミはクラシック音楽が大好き。
「何か楽器は演奏するの？」と聞かれました。
今はもう弾いていないのですが…。

問 「昔，ピアノやってました。」の自然な言い方は？ Question

I [　　　　] the piano.

A played　B used to play
C am used to playing

1分考えて 答えが決まったら 次のページへ

答 B I used to play the piano. だと「今はもうやってない」ことも伝わる

Answer 098

B の〈used to ＋動詞の原形〉は，過去のいつなのかをはっきりと言わずに，「以前は～していた［～だった］」と言うときに使える便利なフレーズです。「今はもうしていない」という意味合いがあります。以前していた習慣や，以前の状態を言うときに使います。

過去形で A I played the piano. と言うと，聞き手は「急に何の話？ いつ弾いたの？」と思うかもしれません。「きのう」や「高校生のとき」のように，過去のいつか1回のことや特定の時期について話したいときに使うのが過去形です。

C の be used to ～ing は「～することに慣れている」という意味です。

知ってる？

あまりちゃんと習わないけど，よく使う便利なフレーズ

099

- **used to ～** »「以前は～していた［だった］」
  - I used to have long hair.（以前は髪が長かった。）
- **be about to ～** »「（まさに）～するところだ」「～しようとしている」
  - Hurry up! The movie is about to start.（早く！ 映画が始まっちゃうよ。）
- **I feel like ～ing.** »「～したい気分だ」
  - I feel like having pizza today.（今日はピザを食べたい気分。）
- **I'm thinking of ～ing.**
  »「～しようかなと思っている」…まだ決めていない，あいまいな感じ。
  - I'm thinking of moving.（引っ越そうかなと思ってるんです。）
  - I'm thinking of changing jobs.（転職しようかなと思ってるんです。）
  - I'm thinking of going on a trip somewhere.
    （どこか旅行にでも行こうかなと思ってるんです。）

12 髪切った？

目標時間
1分

アスカは日曜日，人気の美容室をやっとの思いで予約して，
カリスマ美容師さんにカットしてもらいました。
週明けに会った友達に，さっそく髪をほめられます。

Question

問 「髪切ったの？」の自然な言い方は？

A **Did you cut your hair?**

B **Did you get a haircut?**

1分考えて 答えが決まったら 次のページへ

Answer

100

答 B Did you get a haircut? が誤解されなくておすすめ

A Did you cut your hair? だと，文字通りに「自分で自分の髪を切ったの？」という質問に聞こえます。状況などから，そういう意味の質問ではないとわかってくれる人もいると思いますが，場合によっては髪型が変だからそのように質問されたのだ，と誤解されるかもしれません。

髪を切ったかどうか聞きたいときは，「ヘアカットをしてもらったの？」という意味の B Did you get a haircut? と言うのがおすすめです。

同様に，「髪を切った」は I got a haircut. と言うのがふつうです。I cut my hair. は「自分で自分の髪を切った」という意味になります（セルフカットしたならこの言い方で OK です）。英語ではこれらを厳密に区別するので注意しましょう。

知ってる？

「やってもらう」の言い方

101

●〈get +名詞〉で言うパターン

・ヘアカット » I got a haircut.（ヘアカットしました。）
・パーマ » I got a perm.（パーマをかけました。）

●〈get +名詞+過去分詞〉で言うパターン
… get は使役動詞で「〈名詞〉を～してもらう」の意味

・ヘアカット » I got my hair cut.（髪を切ってもらいました。）
・パーマ » I got my hair permed.（パーマをかけてもらいました。）
・ネイル » I got my nails done.（ネイルをしてもらいました。）
・ピアス » I got my ears pierced.（ピアスの穴をあけてもらいました。）
・修理 » I got my phone fixed.（電話を修理してもらいました。）
・検査 » I got my eyes checked.（目を検査してもらいました。）

13 そうは思えないけど

目標時間 1分

ユウミは日本のコンビニチェーンの本社に勤めています。今日は新商品の企画会議。
海外から来た新しい同僚が，変なおすしの企画を出して
「日本で絶対に大流行します！ どう思いますかユウミさん！」と聞いてきました。

問 **その企画はちがうと思うけど新人を傷つけたくないとき，第一声はどれがベスト？**

Question

A You're wrong.

B I don't think so.

C I don't agree with you.

D I'm not sure.

1分考えて 答えが決まったら 次のページへ

答 傷つけたくないときは，第一声は D I'm not sure. がソフトでおすすめ

Answer

102

「英語はなんでもストレートに言わないとダメ」というのは誤解です。確かにアメリカ人は，オープンな意見交換を大切にします。しかし，自分の考えをオープンに伝え合うからこそ，その伝え方に実はすごく気をつかっているのです。

たとえ相手が誤っているときでも，いきなり You're wrong.（あなたはまちがっています。）と断定的に言うことが相手を不快にさせるのは，日本語も英語も同じです。反対するときは，相手への配慮を示しましょう。そうしないと，意図せず失礼な英語になってしまいます。

第一声としての D I'm not sure.（よくわかりません→どうかな。）は，ためらいや反対の気持ちをソフトに伝えるのにちょうどよい表現です。I don't think so. や I don't agree with you. は，プレゼンやディベートで自分の考えを力強く主張する場面ではうってつけです。でも，新人を傷つけたくないなら，第一声としては断定的すぎるのであまりおすすめしません。

知ってる？

やんわり反対する言い方

103

直接的・断定的な言い方	配慮を示した，クッションのある言い方
△ I don't think so. （私はそう思いません。）	○ I'm not sure about that. （それはよくわかりません。）
△ I don't agree with you. （私は賛成しません。）	○ I'm not sure I agree with you. （はっきり賛成とは言えません。）
△ I disagree. （私は反対です。）	○ I have to disagree. （反対せざるをえません。）
△ Sorry, no. （ごめんなさい，ノーです。）	○I'm afraid I'm going to have to say no. （残念ですがノーと言わなくてはなりません。）

5

Listening & Pronunciation

104 ~ 119

第5章 聞こえる・通じる発音

音のイメージを更新する

01 同じじゃダメ？

目標時間 **1**分

ヒロキは若(わか)いころ，カタカナ式の発音で英単語(たんご)をおぼえてしまったせいで，
今でも発音が少し苦手です。
通じやすい英語を話したいので，日々勉強して少しずつ直しています。

問 ネイティブの人からすると発音がちがう
単語のペアは？（音声を聞いてもかまいません）

Question 104

A she（彼女(かのじょ)）と sea（海）

B ear（耳）と year（年）

C sweet（あまい）と suite（スイートルーム）

1分考えて 答えが決まったら 次のページへ

Answer

答 A she と sea, B ear と year は どちらも最初(さいしょ)の音がちがう

カタカナ式で発音をおぼえてしまった人は, she と sea はどちらも「シー」で, ear と year はどちらも「イヤー」のようにインプットされているかもしれません。しかし英語では，これらは<u>どちらもちがう発音</u>です。

l と r のほかにも，日本人にとっては発音の区別(くべつ)が難(むずか)しい子音(しいん)があります。これが区別できると，通じやすい英語を話せるようになります。

ちなみに，C sweet（あまい）と suite（スイートルーム）は，どちらも同じ発音（発音記号は /swiːt/）です。suite のほうはつづりに w の文字がありませんが，w の子音を発音します。

知ってる？

ネイティブの人にとってはちがう発音

105

聞き比(くら)べ	ポイント
・she /ʃiː/（彼女）— sea /siː/（海）	…sea は「スィー」に近い。
・sheet /ʃiːt/（シーツ，枚(まい)）— seat /siːt/（座席(ざせき)）	…seat は「スィート」に近い。
・ship /ʃɪp/（船）— sip /sɪp/（ちびちび飲む）	…sip は「スィップ」に近い。
・G /dʒiː/ — Z /ziː/	…Z は「ズィー」に近い。
・ear /ɪər/（耳）— year /jɪər/（年）	…year は最初に y の子音が入る。
・berry /béri/（木いちご）— very /véri/（とても）	…very の v は上下のくちびるをくっつけずに，上の前歯と下くちびるのすき間から空気を出す。

02 発音どう？

目標時間 1分

トシハルは英語力アップのために，
アメリカ人の先生から英会話の個人（こじん）レッスンを受けています。
ある日，自分の発音の上達（じょうたつ）具合が気になったので，先生に聞いてみました。

問 先生の答えは「ゲリンベラ」のように聞こえました。どういう意味？（音声も聞きましょう）

Question 106

A 最初（さいしょ）からカンペキ

B よくなってきている

C もっとよくできるはず

D だれよりも上手

1分考えて 答えが決まったら 次のページへ

Answer

答 B よくなってきている（Getting better.）

アメリカ英語では，t の子音（しいん）が母音（ぼいん）と母音にはさまれると，日本語の「ラリルレロ」のように軽く発音されることがあります。英語の r でも l でもなく，日本語のラ行に近い発音です。そのため，Getting better. は「**ゲ**リン**ベ**ラ」のように聞こえることがあります。

アメリカ英語の t の子音は，前後の音との関係（かんけい）によっていろいろと変化（へんか）します。日本人がまねをする必要（ひつよう）はありませんが，聞き取りのために知っておくべきポイントです。

知ってる？

t のいろいろな発音の変化（へんか）

107

●母音と母音にはさまれたとき

…「ラリルレロ」のように軽く発音されることがある

・better（よりよい）　・party（パーティー）　・get up（起きる）

●母音と l にはさまれたとき

…「ラリルレロ」のように軽く発音されることがある

・little（小さい）　・bottle（びん）　・hospital（病院）

●あとに n がくるとき

…「ッン」と飲みこむ感じになることがある

・written（write〈書く〉の過去分詞（かこぶんし））

・button（ボタン）　・mountain（山）

●前に n がくるとき

…t が発音されないことがある

・twenty（20）

・internet（インターネット）　・international（国際的（こくさいてき）な）

03 できる？　できない？

目標時間 1分

トモアキが訪れた美術館には，
撮影できる作品とできない作品があります。
ある作品の前で，ツアーガイドさんに声をかけられました。

Question 108

問 音声を聞きましょう。

ここで写真は…

A 撮れる　　**B 撮れない**

1分考えて 答えが決まったら 次のページへ

答 **B 撮れない**

(You can't take pictures here.)

Answer

A You can take pictures here.(肯定文)と，読まれた音声の B You can't take pictures here.(否定文)は，肯定なのか否定なのか聞き取りにくい英文です。否定の can't take は t の発音が連続しているので, can't の t ははっきりと発音されません。そのため，can take と can't take は似た発音になるのです。

聞き取りのポイントは，①似ている子音が連続しているとき，1つ目の子音のところが一瞬息を止めたように聞こえること，②否定語（can't など）はいつも強く，長めに発音されることです。この2つの法則を知っておきましょう。

知ってる？

聞こえない音・弱い音

109

●似ている子音が連続するとき

…最初の子音は聞こえず，一瞬息を止めただけのようになる（2つ目はきちんと発音する)。

- can't‿take（撮れない）
- take‿care（気をつける）
- sit‿down（すわる）
- what‿time（何時）

●代名詞・冠詞・前置詞・助動詞などはふつう，ほかの語よりも弱く・短く言う。

- What time do you leave for school?（あなたは何時に学校に行きますか。)
- I like to watch TV.（私はテレビを見るのが好きです。)
- You can take pictures here.（ここで写真を撮ってもいいですよ。)

…ただし，否定語（don't, can't など）は強く言う。

- I don't like to watch TV.（私はテレビを見るのが好きではありません。)
- You can't take pictures here.（ここで写真を撮ってはいけません。)

04 どうする？

目標時間
1分

サヤカは高校生。アメリカ人の友達（ともだち）と，放課後（ほうかご）にカフェで話しています。
ケーキを食べながら2時間しゃべり続け（つづ）たら，またおなかがすいてきました。
もう1つ食べないか，友達に聞いてみます。

問 友達の答えは「ガーラゴウ」と聞こえました。
どういう意味？（音声も聞きましょう）

Question 110

A もうおなかいっぱい　B あなただけどうぞ
C もう帰らなくちゃ　D そろそろ行かない？

1分考えて 答えが決まったら 次のページへ

Answer

答 C もう帰らなくちゃ（Sorry, gotta go.）

111

「**ガ**ーラ**ゴ**ウ」と聞こえた音の正体は Gotta go. です。これは (I have) got to go.（行かなくちゃ。／帰らなくちゃ。）を短く言ったもので，くだけた表現（ひょうげん）です。

アメリカ英語では，have to（～しなければならない）のかわりに（have) got to というくだけた表現を使うことがあります。この got to はつながってすばやく発音されるので，「**ガ**ーラ」や「**ガ**ラ」のように聞こえます（会話のくだけた感じを出すために，発音に合わせて gotta と書かれることもあります）。t は母音（ぼいん）と母音にはさまれると「ラリルレロ」のように聞こえることがあるのでしたね（→ p.126）。

（have) got to のほかにも，単語（たんご）と単語をつなげて，くずして発音される口語表現があります。

知ってる？

会話ではくずして発音されやすいフレーズ

112

- **have got to**（～しなければならない）
  …got to がつながる（gotta と書かれることもある）。
  ・I've got to [I gotta] go.（行かないと。）
- **be going to**（～するつもりだ）
  …going to がつながる（gonna と書かれることもある）。
  ・I'm gonna work tomorrow.（明日は仕事をします。）
  ・What are you gonna do this weekend?（今週末（こんしゅうまつ）は何するの？）
- **want to**（～したい）
  …want to がつながる（wanna と書かれることもある）。
  ・I wanna go home.（家に帰りたい。）
  ・What do you wanna do?（何をしたい？）

05 ごまかしちゃダメ？

目標時間
1分

ヒロキは，通じやすい英語を話すために今日も勉強です。
英語の母音（ぼいん）の発音は，つづりからはわからないことが多いので，
このへんの単語（たんご）は全部「オー」と言ってごまかしているのですが…。

問 ネイティブの人からすると，発音がちがう
単語のペアは？（音声を聞いてもかまいません）

Question 113

A coat（コート）と caught（catch の過去形（かこけい）・過去分詞（かこぶんし））
B won't（will not の短縮形（たんしゅくけい））と want（ほしい）
C low（低（ひく）い）と law（法律（ほうりつ））

1分考えて 答えが決まったら 次のページへ

Answer

答 A B C 全部ちがう

カタカナ式で発音をおぼえてしまった人は，それぞれ区別せずに「コート」「ウォント」「ロー」のように言ってしまうかもしれません。しかし，これらの組み合わせは，どれも母音が別の音です。

coat（コート）・won't（will not の短縮形）・low（低い）の下線のところは二重母音で「オウ」のように発音します。

一方で，caught（catch の過去形・過去分詞）・want（ほしい）・law（法律）は二重母音ではありません。

母音が変わるだけで，ちがう意味の単語になってしまうこともあります。母音を区別できると，より通じやすい英語を話せるようになります。

知ってる？

二重母音と，そうでない母音

114

二重母音 /oʊ/（オウ）	二重母音でない母音
・coat（コート）	・caught /kɔːt/（catch の過去形・過去分詞）
・won't（will not の短縮形）	・want /wɑːnt/（ほしい）
・low（低い）	・law /lɔː/（法律）
・boat（ボート）	・bought /bɔːt/（buy の過去形・過去分詞）
・so（だから，それほど）	・saw /sɔː/（see の過去形）
・cold（寒い，冷たい）	・called /kɔːld/（call の過去形・過去分詞）
・go（行く）	・gone /gɔːn/（go の過去分詞）
・program（プログラム）	・problem /práːbləm/（問題）

06 ホットって聞こえない

目標時間 1分

チアキはアメリカに留学中。友達からコーヒーを手渡されたとき，「It's ハーッ」のように聞こえて意味がわからなかったのですが，It's hot.（熱いよ。）という意味でした。

問 下線部の発音が，hot の o と同じなのはどれ？（音声を聞いてもかまいません）

Question 115

A soccer（サッカー）　B watch（見る，腕時計）

C college（大学）

1分考えて 答えが決まったら 次のページへ

Answer

答 A B C すべて同じ

hot の o の母音(ぼいん)は，イギリス英語では「オ」に近い音に聞こえますが，アメリカ英語では「アー」に近い音に聞こえます。そのため，hot の発音が「ホット」だと思いこんでいると，アメリカ英語の hot はなかなか聞き取れません。

アメリカ英語の hot の母音は /ɑː/ という発音記号で表されます（/ɑ/ と表記されている辞書(じしょ)などもあります）。あくびをするときのように口をタテに大きく開けて「アー」と発音します。

soccer（サッカー）・watch（見る，腕時計）・college（大学）の下線のところの母音もすべて同じ /ɑː/ の音です。「ホット」「ウォッチ」などのカタカナ語にまどわされないようにしましょう。

知ってる？

これ全部同じ母音

116

/ɑː/ … 口をタテに大きく開いた，「アー」に近い音

- hot（熱い，暑い）
- college（大学）
- want（ほしい）
- got（get の過去形(かこけい)）
- shop（店）
- body（体）
- job（仕事）
- turn on（〈スイッチを〉入れる）
- soccer（サッカー）
- watch（見る，腕時計）
- not（～でない）
- box（箱）
- stop（止める）
- bottle（びん）
- model（模型(もけい)，手本）
- John（ジョン〈人名〉）

07 住みたいんだけど

目標時間 1分

ケイタは旅行でゴージャスなホテルに泊（と）まりました。
友達（ともだち）に「アイ・ワントゥ・リヴ・ヒア…」と言ったら、
真顔で「どうしたの？」と言われました。

問 友人がおどろいたのはどうして？
（ケイタの音声も聞きましょう）

Question 117

A ケイタが帰りたいのかと思ったから

B ケイタにそんなお金があるわけないと思ったから

1分考えて 答えが決まったら 次のページへ

Answer

118

答 A ケイタが帰りたいのかと思ったから

ケイタは I want to live here.（ここに住みたいです。）と言ったつもりが，友達には I want to leave here.（ここを出たいです〈帰りたいです〉。）と聞こえてしまったようです。

日本人が発音する live「リヴ」は，ネイティブが聞くと live なのか leave なのか判断しにくいことがあります。中学生向けの教科書や辞書の多くでは，live の発音記号は /liv/，leave は /liːv/ と表記しています。これだと母音の長さがちがうだけ（「リヴ」に対して「リーヴ」）のように誤解してしまうのは無理もありません。しかし，実は長さだけでなく，母音の音色そのものがちがうのです。

この誤解を避けるために，最近の大人向け辞書の多くは，live の母音は /ɪ/，leave の母音は /iː/ と表記しています。/ɪ/ は日本語の「エ」と「イ」の中間のようなあいまいな音で，/iː/ は日本語の「イー」に近い音です。

知ってる？

長さがちがうだけじゃない

119

/ɪ/ …口の力を抜いた，「エ」と「イ」の中間の音

- live（住む，生きる）
- it（それ）
- ship（船）
- fit（フィットする，健康な）
- sit（すわる）
- hit（打つ，当てる）
- been（be の過去分詞）

/iː/ …口を横に強く引いた，「イー」に近い音

- leave（去る，出発する）
- eat（食べる）
- sheep（ひつじ）
- feet（foot（足）の複数形）
- seat（座席）
- heat（熱，暑さ）
- bean（豆）

おわりに

Great job! You finished the book!

日常生活のいろいろなシーンを題材にした『1分で英語力ドリル』。
楽しんでいただけましたか？ 本書の問題と解説を通してみなさんに
いちばん伝えたかったのは、
「英語の勉強はテキストだけじゃない！」
「日常のすべてが学びのチャンスになるよ！」ということです。

動物のふとした鳴き声、おいしかった外国の料理、気になる最近の洋服のトレンド、
映画のワンシーンに出てきたことば。あなたの生活のあちこちに、
すばらしい学びの入り口があります。そうした入り口から、
どんどん英語の世界に没入していってほしいと思います。

学校や塾では、講義やテキスト中心の受け身の勉強をしてきた人も多いと思います。
そうした経験から、「英語は先生から教わるもの」
「教科書や試験できちんと学ぶもの」という感覚があるかもしれません。
この本を読み終わったあとでも「クイズは楽しいけど、本当の勉強ではないんじゃ…」
そう感じてはいませんか。
でも、それはとんでもない！

「○○って、どういう意味だろう？」「○○って、英語でどう言うんだろう？」
ぼくが思うに、こうした素朴な疑問こそが、今後上手に英語力をつけていく秘訣です。何を知りたいか、どんな英語を使いたいかは、人それぞれで異なります。
あなたにとっての“使える英語”は、
教科書や参考書の中にはない可能性だって高いのです。
だからこそ、“自分の興味”が大切。いまや知りたいことの多くは、
インターネットや本で簡単に見つかる時代です。気持ちのおもむくままに調べてみましょう。そのとき、興味がないことや、自分にあまり関係ないことは、とりあえず飛ばしちゃってOK。（英語の勉強は、このくらい自由でいいんです）

もちろん、基礎知識を体系的に学ぶ方法として、テキストはとても有益です。
必要に応じてどんどん活用してください。でも同時に、あなた自身の内側から
ふと湧いてくる、伸び伸びとした疑問や好奇心も大切にしてください。
“自分発”で学ぶことで、あなたの人生に役立つ本当の使える英語力が
身についていきます。

本書では、5つの感覚という英語学習の枠組みを紹介しました。この枠組みを
手がかりに、これからいろいろな視点で英語の発見を楽しんでくださいね。
気楽な問いから生まれる、「へぇ、そうなんだ！」。その発見のひとつひとつが、
これからあなたの英語力をしっかりと高めてくれますよ。
I hope you enjoyed this book! Let's keep learning, and let's keep growing!

NOBU（山田暢彦）

巻末特集

英語の基礎　サクッとまとめ

かんたん整理！

文法のポイント早わかり（中2～3レベル）

be going to ～ 120

» **I'm going to** watch TV tonight.

（私は今夜，テレビを見るつもりです。）

〈be 動詞+ going to +動詞の原形〉で，未来のことを表すことができます。

主語	be 動詞		動詞の原形	
I	am	going to	play など	～ .
He, She, It など単数	is			
You と複数	are			

» **Are** you **going to** watch TV?

（あなたはテレビを見るつもりですか。）

疑問文は，be 動詞を主語の前に出します。

have to ～ 121

» I **have to** work today.

（私は今日，仕事をしなければなりません。）

〈have to +動詞の原形〉で，「～しなければならない」という意味を表します。

主語	have to		動詞の原形	
I	have	to	play など	～ .
He, She, It など単数	has			
You と複数	have			

» Do you **have to** work today?

（あなたは今日，仕事をしなければなりませんか。）

疑問文は，〈Do[Does]+主語+ have to +動詞の原形 ～ ?〉の形になります。

» I don't **have to** work today.

（私は今日，仕事をする必要はありません。）

否定文は〈don't [doesn't] + have to +動詞の原形〉で，「～する必要はない」という意味です。

「～すること」を表す〈to +動詞の原形〉 122

» I like **to watch** TV.

（私はテレビを見るのが好きです。）

〈to +動詞の原形〉で，「～すること」の意味を表すことができます。次のような形がよく使われます。

like to ～（～するのが好きだ）	try to ～（～しようとする）
want to ～（～したい）	need to ～（～する必要がある）
begin/start to ～（～し始める）	decide to ～（～しようと決める）

「～するために」を表す〈to +動詞の原形〉 123

» I got up early **to watch** TV.

（私はテレビを見るために早く起きました。）

» I was happy **to see** her.

（私は彼女に会えてうれしかったです。）

〈to +動詞の原形〉で，「～するために」の意味を表すことができます。「～して」の意味で，感情の原因を表すこともあります。

「～するための」を表す〈to +動詞の原形〉 124

» I have a lot of work **to do**.

（私にはするべき仕事がたくさんあります。）

〈to +動詞の原形〉は，前の名詞や代名詞を修飾して「～するための」「～するべき」の意味を表すことができます。

動名詞 125

» I like **watching** TV.

（私はテレビを見るのが好きです。）

動詞の ing 形で，「～すること」の意味を表すことができます。次のような形がよく使われます。

like ～ing（～するのが好きだ）	enjoy ～ing（～して楽しむ）
stop ～ing（～するのをやめる）	finish ～ing（～し終える）
begin/start ～ing（～し始める）	

give などの文（SVOO）　126

» I **gave** him a present.

（私は彼にプレゼントをあげました。）

» She **told** me her name.

（彼女は私に名前を教えてくれました。）

〈give A B〉で「A に B を与える」，〈tell A B〉で「A に B を教える・伝える」という意味になります。次の動詞も同じ文型をつくります。

show A B（A に B を見せる）	teach A B（A に B を教える）
send A B（A に B を送る）	buy A B（A に B を買う）

call などの文（SVOC）　127

» Please **call** me Aya.

（私をアヤと呼んでください。）

» His message **made** me happy.

（彼のメッセージは私をうれしくさせました。）

〈call A B〉で「A を B と呼ぶ」，〈make A B〉で「A を B にする」という意味になります。A = B の関係になっています。

接続詞 that, when など　128

» I think **that** you're right.

（私はあなたの言うとおりだと思います。）

接続詞の that は「～ということ」の意味で，think などの後に〈主語+動詞〉をつなげます。この that はよく省略されます。

» I was sleeping **when** you called.

（あなたが電話したとき，私はねむっていました。）

接続詞の when は「～のとき」の意味です。後に〈主語+動詞〉を続けます。

このほか，while（～する間に），because（なぜなら～だから），if（もし～ならば）なども接続詞として〈主語+動詞〉を続けることができます。

how to ～など　129

» Do you know **how to** use this?

（あなたはこれの使い方を知っていますか。）

» I don't know **what to** do.

（私は何をしたらいいかわかりません。）

〈how to +動詞の原形〉で「どう～したらよいか」「～のしかた」，〈what to +動詞の原形〉で「何を～すればよいか」という意味を表します。次のような〈疑問詞 + to +動詞の原形〉も使われます。

when to ～（いつ～すべきか）	which to ～（どちらを～すべきか）
where to ～（どこで～すべきか）	

It is … to ～.　130

» **It's** important **to** help each other.

（おたがいに助け合うことは大切です。）

〈It is … to ～.〉で「～することは…だ」という意味になります。この it は形式上の主語で，「それは」という意味はありません。

〈tell +人+ to ～〉など　131

» He **told** me **to** wait.

（彼は私に待つように言いました。）

» I **want** you **to** come.

（私はあなたに来てほしい。）

〈tell +人+ to +動詞の原形〉で「（人）に～するように言う」，〈want +人+ to +動詞の原形〉で「（人）に～してほしい」という意味を表します。ask（頼む）も同じ文型をつくります。

let, help など　132

» **Let** me check.

（私に確認させてください。）

〈let +人+動詞の原形〉で「…に～させる[させてあげる]」という意味です。〈help +人+動詞の原形〉（…が～するのを助ける），〈make +人+動詞の原形〉（…に〈強制的に〉～させる）も同じ文型をつくります。

比較級 133

» I'm **taller than** my father.

（私は父よりも背が高い。）

「…よりも～」は，〈比較級＋ than …〉で表します。比較級はふつう，形容詞や副詞に er をつけてつくりますが，そのほかの変化をするものもあります〈→p.150〉。

» I **like** coffee **better than** tea.

（私は紅茶よりもコーヒーが好きです。）

「…よりも～のほうが好きだ」は，〈like ～ better than …〉で表します。

最上級 134

» She is **the tallest in** our group.

（彼女は私たちのグループでいちばん背が高い。）

「…の中でいちばん～」は，〈the ＋最上級＋ in[of] …〉で表します。最上級はふつう，形容詞や副詞に est をつけてつくりますが，そのほかの変化をするものもあります〈→p.150〉。

as ～ as … 135

» Takuya is **as tall as** my father.

（タクヤは私の父と同じくらいの身長です[同じくらい背が高い]。）

「…と同じくらい～」は，〈as ～ as …〉で表します。as ～ as … の「～」には，形容詞・副詞の原級（変化しないもとの形）がきます。

» Akira is **not as tall as** my father.

（アキラは私の父ほど背が高くありません。）

否定形の〈not as ～ as …〉は，「…ほど～ではない」という意味になります。

受け身 136

» Spanish **is spoken** in many countries. （スペイン語はたくさんの国で話されています。）

» This house **was built** in 1950.

（この家は1950年に建てられました。）

〈be 動詞＋過去分詞〉で，「～される」「～された」という受け身を表します。過去分詞は過去形と同じ語が多いですが，不規則に変化するものもあります〈→p.146〉。

〈現在〉

主語	be 動詞	過去分詞	
I	am	spoken など	～.
He, She, It など単数	is		
You と複数	are		

〈過去〉

主語	be 動詞	過去分詞	
I	was	spoken など	～.
He, She, It など単数			
You と複数	were		

現在完了形 137

» **I've lived** here for 20 years.

（私は20年間ここに住んでいます。）

〈have ＋過去分詞〉を現在完了形といいます。現在完了形は，「（過去から現在までずっと）～です，～しています」（継続）という意味を表します。

主語	have	過去分詞	
I	have	lived など	～.
He, She, It など単数	has		
You と複数	have		

» **I've** just **finished** my homework.

（私はちょうど宿題を終えたところです。）

「（ちょうど）～したところです」「（すでに）～してしまいました」（完了）という意味も表します。

» **I've heard** this story before.

（私は以前にこの話を聞いたことがあります。）

「（今までに）～したことがあります」（経験）という意味も表します。

138 現在完了形の否定文

» I **haven't seen** him for a long time.

（私は長い間彼に会っていません。）

現在完了形の否定文は，have の後に not を入れます。

主語	have	not	過去分詞	
I	have	not	seen など	～.
He, She, It など単数	has			
You と複数	have			

» **I've never seen** her.

（私は彼女に一度も会ったことがありません。）

「(今までに) 一度も～したことがない」と言うときは，not のかわりに never（一度も～ない）がよく使われます。

139 現在完了形の疑問文

» **Have** you **lived** here for ten years?

（あなたは10年間ここに住んでいるのですか。）

現在完了形の疑問文は，have を主語の前に出します。

have	主語	過去分詞	
Have	I	lived など	～?
Has	he, she, it など単数		
Have	you と複数		

» **Have** you **ever been** to Canada?

（あなたは今までにカナダに行ったことがありますか。）

「(今までに) ～したことがありますか」と経験をたずねるときは，ever（今までに）がよく使われます。

140 現在完了進行形

» **I've been waiting** since 8 a.m.

（私は午前8時からずっと待っています。）

〈have been ～ing〉で「(現在までずっと, ある動作を) ～し続けています」という意味を表します。

主語	have	been	ing 形	
I	have	been	waiting など	～.
He, She, It など単数	has			
You と複数	have			

141 名詞を修飾する ing 形・過去分詞

» The boy **playing** the piano is Ken.

（ピアノを弾いている男の子はケンです。）

» I bought a pen **made** in Italy.

（私はイタリアで作られたペンを買いました。）

〈～ing +語句〉は「～している…」の意味で，〈過去分詞+語句〉は「～された…」の意味で，それぞれうしろから名詞を修飾することがあります。

142 関係代名詞

» I have an aunt **who** lives in Paris.

（私にはパリに住んでいるおばがいます。）

〈who +動詞 …〉で，人を表す名詞をうしろから修飾することがあります。修飾する名詞が人ではなく物のときは，who のかわりに which を使います。who や which のかわりに that も使われます。

» This is the letter **which** she wrote.

（これが彼女が書いた手紙です。）

〈which +主語+動詞 …〉で，物を表す名詞をうしろから修飾することがあります。この which はよく省略されます。which のかわりに that も使われます。

143 間接疑問

» I don't know **who he is**.

（私は彼がだれだか知りません。）

疑問詞で始まる疑問文が I know …. などの文の中に入ると，〈疑問詞+主語+動詞〉の語順になります。

144 仮定法

» I wish I **had** a lot of money.

（〈実際は持っていないが〉たくさんのお金を持っていたらいいのに。）

現在のことに過去形を使うことで，今の現実に反する仮定を表すことがあります。I wish ～.（～だったらいいのに。）などの形でよく使われます。

知れば
スッキリ！

助動詞の整理

145

助動詞	おもな例
can	I can swim.（私は泳げます。） That can't be true.（それは本当のはずがない。） Can you help me?（私を手伝ってくれる？）〈依頼〉 Can I use this?（これを使ってもいい？）〈許可を求める〉
could （can の過去形）	I couldn't finish it.（私はそれを終えられませんでした。） Could you help me?（私を手伝っていただけませんか。）〈依頼〉 I wish I could fly.（空を飛べたらいいのに。）〈仮定法〉
will	I'll go with you.（私はあなたといっしょに行きますよ。） She'll be a good singer.（彼女はよい歌手になるでしょう。） Will you help me?（私を手伝ってくれますか。）〈依頼〉
would （will の過去形）	If I were you, I wouldn't go.（もしも私があなただったら，私は行きません。）〈仮定法〉 Would you help me?（私を手伝ってくれますか。）〈依頼〉 I'd like some tea.（お茶をほしいのですが。）〈I want ～ . のていねいな言い方〉 Would you like to come?（来ませんか。）〈Do you want to ～？のていねいな言い方〉
may	May I come in?（入ってもよろしいですか。）〈許可を求める〉 It may be true.（それは本当かもしれません。）
might （may の過去形）	It might be true.（それは本当かもしれません。）〈may とほぼ同じ意味〉
must	I must study hard.（私は一生懸命勉強しなければなりません。） It must be true.（それは本当にちがいありません。）
shall	Shall I open the window?（窓を開けましょうか。）〈申し出〉 Shall we go now?（もう行きましょうか。）〈提案〉
should	You should read this book.（この本を読んだほうがいいですよ。） Should I go with you?（あなたといっしょに行ったほうがいいですか。）

知れば スッキリ！

前置詞の整理

146

前置詞	おもな意味	例
in	「(ある空間) の中に[で]」 「(年・月・季節) に」	in the box (箱の中に[で])　in Japan (日本に[で]) in 2025 (2025年に)　in May (5月に)　in summer (夏に)
on	「～の上に[で]」「～に接触して」 「(日付・曜日) に」	on the desk (机の上に)　on the wall (壁に〈くっついて〉) on May 5 (5月5日に)　on Monday (月曜日に)
at	「～のところに[で]」 「(時刻) に」	at the door (ドアのところに[で])　at the station (駅に[で]) at 6:30 (6時30分に)　at noon (正午に)
before	「～の前に」	before dinner (夕食前に)
after	「～の後に」	after school (放課後に)
from	「～から」	a letter from my aunt (おばからの手紙)
to	「～へ」	go to school (学校へ行く)
for	「～のために[の]」「～に向かって」 「～にとって」 「(期間を表し) ～の間」	buy a present for him (彼のために[の]プレゼントを買う) This is important for me. (これは私にとって重要です。) walk for an hour (1時間歩く)
of	「～の」	the name of this song (この歌の名前)
as	「～として」	work as a volunteer (ボランティアとして働く)
like	「～のような[に]」	fly like a bird (鳥のように飛ぶ)
over	「(接触せずに) ～の上に[で]」 「～をこえて」	fly over the house (家の上を飛ぶ) over $100 (100ドルをこえて)
under	「(接触せずに) ～の下に[で]」 「～に満たない」	under the table (テーブルの下に[で]) under 20 years old (20歳未満)
by	「～で」「～によって」 「(期限を表し) ～までに」	by bus (バスで) come back by ten (10時までにもどってくる)
until	「～までずっと」	wait until ten (10時まで待つ)

迷ったら調べよう！

動詞の語形変化一覧表

重要動詞の意味と変化形を確認しましょう。
・★が不規則動詞です。不規則な変化形は**太字**になっています。
・規則動詞で，つづりに特に注意すべき変化形も**太字**になっています。

147 音声は不規則動詞（★印）のみが収録されています。（原形－過去形－過去分詞の順で読まれます。）

基本の変化…
3単現：↓ sをつける
過去形：↓ edをつける（eで終わる語にはdだけをつける）
ing形：↓ ingをつける（eで終わる語はeをとってing）

原形	意味	3単現	過去形	過去分詞	ing形
agree	同意する	agrees	agreed	agreed	**agreeing**（eをとらずにing）
answer	答える	answers	answered	answered	answering
arrive	到着する	arrives	arrived	arrived	arriving
ask	尋ねる	asks	asked	asked	asking
★ be	（be動詞）	**am, are, is**	**was, were**	**been**	being
★ become	～になる	becomes	**became**	**become**	becoming
★ begin	始まる	begins	**began**	**begun**	**beginning**（nを重ねる）
borrow	借りる	borrows	borrowed	borrowed	borrowing
★ break	こわす	breaks	**broke**	**broken**	breaking
★ bring	持ってくる	brings	**brought**	**brought**	bringing
★ build	建てる	builds	**built**	**built**	building
★ buy	買う	buys	**bought**	**bought**	buying
call	呼ぶ，電話する	calls	called	called	calling
carry	運ぶ	**carries**（yをiにかえてes）	**carried**（yをiにかえてed）	**carried**	carrying
★ catch	つかまえる	**catches**（esをつける）	**caught**	**caught**	catching
change	変える	changes	changed	changed	changing
★ choose	選ぶ	chooses	**chose**	**chosen**	choosing
clean	そうじする	cleans	cleaned	cleaned	cleaning
close	閉じる	closes	closed	closed	closing
★ come	来る	comes	**came**	**come**	coming
cook	料理する	cooks	cooked	cooked	cooking
cry	泣く，さけぶ	**cries**（yをiにかえてes）	**cried**（yをiにかえてed）	**cried**	crying
★ cut	切る	cuts	**cut**	**cut**	**cutting**（tを重ねる）
decide	決める	decides	decided	decided	deciding
die	死ぬ	dies	died	died	**dying**（ieをyにかえてing）
★ do	する	**does**（esをつける）	**did**	**done**	doing

原形	意味	3単現	過去形	過去分詞	ing形
★ draw	（絵を）描く	draws	**drew**	**drawn**	drawing
★ drink	飲む	drinks	**drank**	**drunk**	drinking
★ drive	運転する	drives	**drove**	**driven**	driving
★ eat	食べる	eats	**ate**	**eaten**	eating
enjoy	楽しむ	enjoys	enjoyed	enjoyed	enjoying
explain	説明する	explains	explained	explained	explaining
★ fall	落ちる	falls	**fell**	**fallen**	falling
★ feel	感じる	feels	**felt**	**felt**	feeling
★ find	見つける	finds	**found**	**found**	finding
finish	終える	**finishes** esをつける	finished	finished	finishing
★ fly	飛ぶ	**flies** yをiにかえてes	**flew**	**flown**	flying
★ forget	忘れる	forgets	**forgot**	**forgotten**	**forgetting** tを重ねる
★ get	手に入れる	gets	**got**	**gotten**	**getting** tを重ねる
★ give	与える	gives	**gave**	**given**	giving
★ go	行く	**goes** esをつける	**went**	**gone**	going
★ grow	成長する	grows	**grew**	**grown**	growing
happen	起こる	happens	happened	happened	happening
★ have	持っている	**has**	**had**	**had**	having
★ hear	聞こえる	hears	**heard**	**heard**	hearing
help	助ける，手伝う	helps	helped	helped	helping
★ hit	打つ	hits	**hit**	**hit**	**hitting** tを重ねる
★ hold	持つ，開催する	holds	**held**	**held**	holding
hope	望む	hopes	hoped	hoped	hoping
hurry	急ぐ	**hurries** yをiにかえてes	**hurried** yをiにかえてed	**hurried**	hurrying
introduce	紹介する	introduces	introduced	introduced	introducing
invent	発明する	invents	invented	invented	inventing
invite	招待する	invites	invited	invited	inviting
join	参加する	joins	joined	joined	joining
★ keep	保つ	keeps	**kept**	**kept**	keeping
kill	殺す	kills	killed	killed	killing
★ know	知っている	knows	**knew**	**known**	knowing
learn	習う，おぼえる	learns	learned	learned	learning
★ leave	去る，出発する	leaves	**left**	**left**	leaving
★ lend	貸す	lends	**lent**	**lent**	lending

原形	意味	3単現	過去形	過去分詞	ing形
like	好きである	likes	liked	liked	liking
listen	聞く	listens	listened	listened	listening
live	住む	lives	lived	lived	living
look	見る，～に見える	looks	looked	looked	looking
★lose	失う，負ける	loses	**lost**	**lost**	losing
love	愛する	loves	loved	loved	loving
★make	作る	makes	**made**	**made**	making
★mean	意味する	means	**meant**	**meant**	meaning
★meet	会う	meets	**met**	**met**	meeting
miss	のがす	**misses** esをつける	missed	missed	missing
move	動かす	moves	moved	moved	moving
name	名づける	names	named	named	naming
need	必要とする	needs	needed	needed	needing
open	開ける	opens	opened	opened	opening
paint	（絵の具で）描く	paints	painted	painted	painting
plan	計画する	plans	**planned** nを重ねる	**planned**	**planning** nを重ねる
play	（スポーツを）する	plays	played	played	playing
practice	練習する	practices	practiced	practiced	practicing
★put	置く	puts	**put**	**put**	**putting** tを重ねる
★read	読む	reads	**read**	**read**	reading
receive	受け取る	receives	received	received	receiving
remember	おぼえている	remembers	remembered	remembered	remembering
return	帰る	returns	returned	returned	returning
★ride	乗る	rides	**rode**	**ridden**	riding
★run	走る	runs	**ran**	**run**	**running** nを重ねる
save	救う	saves	saved	saved	saving
★say	言う	says	**said**	**said**	saying
★see	見える	sees	**saw**	**seen**	seeing
★sell	売る	sells	**sold**	**sold**	selling
★send	送る	sends	**sent**	**sent**	sending
★show	見せる	shows	showed	**shown**	showing
★sing	歌う	sings	**sang**	**sung**	singing
★sit	すわる	sits	**sat**	**sat**	**sitting** tを重ねる

原形	意味	3単現	過去形	過去分詞	ing形
★ sleep	ねむる	sleeps	**slept**	**slept**	sleeping
smell	～のにおいがする	smells	smelled	smelled	smelling
sound	～に聞こえる	sounds	sounded	sounded	sounding
★ speak	話す	speaks	**spoke**	**spoken**	speaking
★ spend	過(す)ごす	spends	**spent**	**spent**	spending
★ stand	立つ	stands	**stood**	**stood**	standing
start	始める	starts	started	started	starting
stay	滞在(たいざい)する	stays	stayed	stayed	staying
stop	止める	stops	**stopped** pを重ねる	**stopped**	**stopping** pを重ねる
study	勉強する	**studies** yをiにかえてes	**studied** yをiにかえてed	**studied**	studying
★ swim	泳ぐ	swims	**swam**	**swum**	**swimming** mを重ねる
★ take	取る	takes	**took**	**taken**	taking
talk	話す	talks	talked	talked	talking
taste	～の味がする	tastes	tasted	tasted	tasting
★ teach	教える	**teaches** esをつける	**taught**	**taught**	teaching
★ tell	伝(つた)える，言う	tells	**told**	**told**	telling
★ think	思う，考える	thinks	**thought**	**thought**	thinking
touch	さわる	**touches** esをつける	touched	touched	touching
try	やってみる	**tries** yをiにかえてes	**tried** yをiにかえてed	**tried**	trying
turn	曲がる	turns	turned	turned	turning
★ understand	理解(りかい)する	understands	**understood**	**understood**	understanding
use	使う	uses	used	used	using
visit	訪問(ほうもん)する	visits	visited	visited	visiting
wait	待つ	waits	waited	waited	waiting
walk	歩く	walks	walked	walked	walking
want	ほしがる	wants	wanted	wanted	wanting
wash	洗(あら)う	**washes** esをつける	washed	washed	washing
watch	見る	**watches** esをつける	watched	watched	watching
★ wear	着ている	wears	**wore**	**worn**	wearing
★ win	勝つ	wins	**won**	**won**	**winning** nを重ねる
work	働(はたら)く	works	worked	worked	working
worry	心配する	**worries** yをiにかえてes	**worried** yをiにかえてed	**worried**	worrying
★ write	書く	writes	**wrote**	**written**	writing

迷ったら調べよう！

比較変化一覧表

おもな形容詞・副詞の比較級と最上級を確認しましょう。規則変化する語で，つづりに特に注意すべき変化形は**太字**になっています。
また，不規則に変化するものも**太字**になっています。

基本の変化… erをつける（比較級） estをつける（最上級）

原級	意味	比較級	最上級
big	大きい	**bigger**	**biggest**
bright	かがやいている	brighter	brightest
busy	いそがしい	**busier**	**busiest**
cheap	安い	cheaper	cheapest
clean	きれいな	cleaner	cleanest
clear	はっきりした	clearer	clearest
clever	りこうな	cleverer	cleverest
close	ごく近い	closer	closest
cold	寒い，冷たい	colder	coldest
cool	すずしい	cooler	coolest
cute	かわいい	cuter	cutest
dark	暗い	darker	darkest
deep	深い	deeper	deepest
early	早く，早い	**earlier**	**earliest**
easy	簡単な	**easier**	**easiest**
fast	速く，速い	faster	fastest
few	少しの	fewer	fewest
fine	すばらしい	finer	finest
funny	おかしい	**funnier**	**funniest**
great	すばらしい	greater	greatest
happy	幸せな	**happier**	**happiest**
hard	熱心に，難しい	harder	hardest
heavy	重い	**heavier**	**heaviest**
high	高い，高く	higher	highest
hot	熱い，暑い	**hotter**	**hottest**

原級	意味	比較級	最上級
large	大きい	larger	largest
light	軽い	lighter	lightest
long	長い，長く	longer	longest
loud	(声が) 大きい	louder	loudest
lucky	幸運な	**luckier**	**luckiest**
near	近い	nearer	nearest
new	新しい	newer	newest
nice	すてきな	nicer	nicest
old	古い，年をとった	older	oldest
poor	貧しい	poorer	poorest
pretty	かわいい	**prettier**	**prettiest**
rich	金持ちの	richer	richest
sad	悲しい	**sadder**	**saddest**
short	短い	shorter	shortest
simple	単純な	simpler	simplest
small	小さい	smaller	smallest
smart	りこうな	smarter	smartest
soon	すぐに	sooner	soonest
strong	強い	stronger	strongest
sweet	あまい	sweeter	sweetest
tall	(背が)高い	taller	tallest
true	ほんとうの	truer	truest
warm	あたたかい	warmer	warmest
weak	弱い	weaker	weakest
young	若い	younger	youngest

不規則変化

原級	意味	比較級	最上級
bad	悪い	**worse**	**worst**
far	遠い，遠くに	**farther**	**farthest**
good	よい	**better**	**best**
late	遅い，遅く	later	latest
	あとの	**latter**	**last**

原級	意味	比較級	最上級
little	小さい，少ない	**less**	**least**
many	多数の	**more**	**most**
much	多量の	**more**	**most**
well	上手に	**better**	**best**

more ～，most ～型

原級	意味	比較級	最上級
active	活動的な	more active	most active
beautiful	美しい	more beautiful	most beautiful
careful	注意深い	more careful	most careful
carefully	注意深く	more carefully	most carefully
cheerful	陽気な	more cheerful	most cheerful
colorful	色彩ゆたかな	more colorful	most colorful
convenient	便利な	more convenient	most convenient
dangerous	危険な	more dangerous	most dangerous
difficult	難しい	more difficult	most difficult
easily	簡単に	more easily	most easily
exciting	わくわくさせる	more exciting	most exciting
expensive	高価な	more expensive	most expensive
famous	有名な	more famous	most famous
important	重要な	more important	most important
interesting	おもしろい	more interesting	most interesting
natural	自然な	more natural	most natural
necessary	必要な	more necessary	most necessary
peaceful	平和な	more peaceful	most peaceful
popular	人気のある	more popular	most popular
quickly	すばやく	more quickly	most quickly
slowly	ゆっくりと	more slowly	most slowly
useful	役に立つ	more useful	most useful
wonderful	すばらしい	more wonderful	most wonderful

監修 …… 山田暢彦
装丁 …… 北谷彩夏
イラスト …… 二村大輔
本文デザイン …… 株式会社 デジカル
編集協力 …… 株式会社 エデュデザイン
英文校閲 …… Joseph Tabolt
校正 …… 甲野藤文宏，三代和彦，脇田聡，渡邉聖子
録音 …… 一般財団法人英語教育協議会（ELEC）
ナレーション …… Karen Haedrich，Neil DeMaere，Howard Colefield
DTP …… 株式会社 四国写研
特別協力 …… 平谷美咲
企画・編集 …… 中村円佳，宮﨑純

1分で英語力ドリル

①